大野萌子
Moeko Ono

よけいなひと言を好かれるセリフに変える

働く人のための言いかえ図鑑

サンマーク出版

はじめに

仕事のやりがいもトラブルも「たったひと言」がきっかけ

私は長年、産業カウンセラーとして、コミュニケーション、ハラスメント、ストレスマネジメントに関する2万人以上の社会人の悩みに耳を傾けてきました。

「上司が偉そうで相手によって態度を変えるから、モチベーションが上がらない」
「部下とうまくコミュニケーションできない」
「同僚に傷つくことを言われるので、会社に行く気が失せる」
「オンライン打ち合わせで、先輩にセクハラまがいのことを言われた」

働く人の悩みの9割は、このような「身近な人間関係」の問題であると感じています。

やりがいや充実感を持って仕事ができるかどうかは、働く人たちとの「人間関係」によって決まると言っても過言ではありません。

オンラインが主流になった今、時代の変化にともない、関わり方も複雑化しています。対面で直接話しても相互理解することは容易ではないのに、職場の人と会う機会が減って意思の疎通ができずに悩む人の声もよく耳にするようになりました。

働き方や生き方が多様化し、コミュニケーションツールも多岐にわたり、「とっさのひと言」の意味はより重視されていると感じます。上司のひと言で会社を辞めてしまう新入社員、部下からハラスメント扱いされてしまった上司など、「たったひと言」でトラブルを招くケースが増えているからです。

そこで本書では、私が今まで受けた、働く人の相談の中でよく聞く「よけいなひと言」を集めて、「好かれるセリフ」に言いかえるケースを112例、10章のシーン別にわけて紹介しました。

同じことを伝える場合でも、使う言葉次第で、与える印象はがらっと変わります。そのちょっとした違いを、具体的な理由や事例をあげながら解説します。

「人間関係のストレス」を増やさない4つのポイント

本書を読み進めていただく前に、ぜひ知っておいていただきたい「人間関係のストレスを増やさないための4つのポイント」をお伝えします。

人間関係のストレスと上手につき合うコツを身につけることで、情動コントロールが可能になり、思わぬ失言を避けることができます。

①人と「適度な距離感」を保つ

人間は感情の生き物。一緒に働く人と仲良くなりたいと思うのは自然なことです。しかし距離が近くなりすぎると、相手に関する依存感情が生まれ、トラブルも起きやすくなります。

仕事関係者と信頼関係を築くことは大切ですが、友だちではありませんから、馴れ馴れしくする必要はありません。

むしろ大事なことは、役職、年齢、性別に関係なく相手のことを尊重して、「対等」に接する姿勢です。

どんな人とも「適度な距離感」を保ち、相互尊重のコミュニケーションを図ることが、長く安定的な関係を維持する秘訣なのです。

❷「自己コントロール」を行う

これも人間の感情に関わることですが、仕事相手だからといってみんなのことを好きになれるわけではありません。

どうしても苦手な人や嫌いな人がいて、コミュニケーションがうまくいかないこともあるでしょう。それでも、ビジネスの場においては、ある程度割り切らなければなりません。

そのためには、「自己コントロール」が必要です。自分をコントロールするためには、「自分自身の気持ち」を正確に理解することが大前提となります。

しかし、「自分の偽らない気持ち」を把握できている人は、案外少ないのです。なぜなら、心の平穏を保つ為に、普段から嫌な気持ちや辛いことはなるべく見ないように過ごしているため感度が落ちていて、本心を見極めることが難しいからです。

また、気持ちに振り回されていては行動に支障をきたすので、あえて無視をしてしまうこともあります。要するに、自分をないがしろにしてしまっているのです。

そのため、まずは、「自分自身を大切にすること」を意識してください。自分の偽らざる気持ちと向き合い、それを認めましょう。状態が把握できれば、わけもなくイライラすることが少なくなり、無意識に感情を相手にぶつけてしまうことも避けられます。

自分の感情を正確に把握し、状況を客観視できることが大切なのです。

「ポジティブな言葉」を意識する

コミュニケーション上手で良好な人間関係を築いている人は、「ネガティブな言葉」よりも「ポジティブな言葉」をよく使います。

日本では古来、言葉には「言霊《ことだま》」が宿ると信じられていて、たとえば、結婚式などお祝い事などでは、不和を連想するフレーズを避けて言葉を選びます。これは、職場のコミュニケーションにおいても例外ではないと私は思っています。

ポジティブな言葉から受け取るイメージは、職場の人間関係にも良い影響を与えますが、ネガティブな言葉のやりとりが多い職場は、人間関係にも問題があるケースが多いのです。会議でも、ネガティブな言葉を発する人が多い場合はどっと疲れが出て、終わったあとも気持ちがマイナス方向に引っ張られることがあります。

それほど、ネガティブな言葉は人間の心理に大きく影響して、いったんマイナス方向に引きずられると、仕事のモチベーションにまで、影響することもあります。

反対に、ポジティブな言葉でお互いを認め合える職場で働く人は、モチベーションも上がり、仕事にも前向きに取り組めるようになるものです。

④職場以外で「本音を言える場所」を持つ

人間には多面性があります。そのため、自分のいろいろな顔を見せられる場所があると、心に余裕が生まれます。

仕事をしている顔、夫や妻としての顔、父や母としての顔、学校での顔、地元の仲間といるときの顔……。甘えられる場所や、リーダーシップを発揮できる場所など、自分自身の中にある、それぞれ違った一面を出せる「自分の居場所」が多ければ多いほど、ストレスを溜め込みにくくなります。

1つの顔しか出せる場所がなければ、そこでストレスを抱え込むと、「逃げ場」がなくなることもあります。

たとえば、仕事でミスをして上司から非難されたとき、精神的な居場所が職場しかなければ、全否定されたような気分になってしまいます。一方、職場で嫌なことがあっても、気兼ねなく愚痴や不満を聞いてもらえる場所が別にあれば、精神的なバランスをとることができます。

仮に別々の顔でいられる場所が5つあれば、2つの場所で嫌なことがあっても、残り3つの場所で受け入れてもらえればいいのです。


この4つのポイントを心がければ、人間関係の悩みは軽減されると思います。

もし現在、当てはまるものが少なければ、本書を読んだあと、1つでも実践してみていただければ幸いです。その習慣を続けながら、本書で取り上げる「好かれるセリフ」を実践していただくことによって、きっとコミュニケーションは今まで以上にスムーズになるでしょう。

「身近な人間関係」がうまくいっていれば、人は幸せを感じられる

今は「個」を重視する時代になり、会社のためより自分のため、という考えを重視する人も増えていると感じます。カウンセリングの現場でも、嫌なことがあるとすぐに会社を辞めたいと訴える人も少なくありません。人と関わらずに仕事をしたいと希望する人もいます。

けれども結局、人は1人では生きていけません。

仕事の発注をする人、注文を受ける人。目の前のお客様、オンラインの先のお客様。商品を作ってくださる人、運んでくださる人。同僚、上司、部下。フリーランスや同業他社の仕事仲間……。私たちは、実はたくさんの人と関わりながら仕事をしています。

人と会わなくなったことで孤立感が募り、メンタルの不調を訴える人も増えています。どんな職場でも、どんな仕事でも、人間関係の悩みがまったくなくなることはないかもしれません。

そもそも人は完璧ではありませんから、良い面もそうでない面もあるのは誰でも同じ。だからこそ、お互いを思いやり尊重し合って、少しでも気持ち良いコミュニケーションができたら、わかり合える喜びと充実感を得ることができると思います。

働く時間は、「人生の3分の1以上」を占めると言われています。そこで良好な人間関係を築くことができれば、ストレスの少ない、満ち足りた人生を過ごすことができるでしょう。

「身近な人間関係がうまくいっていれば、人は幸せを感じられる」。

これまで多くの人の悩みに寄り添ってきた経験から、私はそう実感しています。

適度な距離感を保ち、「ひと言」を大切にして、穏やかにやりとりすることができれば、良好な人間関係を築くことができると確信しています。

この本が、あなたの心の重荷を軽くするために、少しでも役立つことを願っています。

大野萌子

よけいなひと言を好かれるセリフに変える　働く人のための言いかえ図鑑　もくじ

第1章 初対面

仕事でもプライベートでも、はじめて会った人には、「あなたに対して良い印象を持っている。もっと知りたい。仲良くなりたい」という〝前向きな態度〟で接することが大事です。そして、相手が興味あることや自分の好きなことなど、お互いの価値観、内面を伝え合うこと。共通項があれば認め合い、これから関係性を育んでいく土台づくりをするつもりで、会話を楽しみましょう。

ただし、いきなり距離を縮めようとする必要はありません。特にプライベートに関することを細かく聞き出そうとすると嫌がられます。また、初対面の人に自分の生い立ちや苦労話など、「自己開示をし過ぎる」のも逆効果。最初から馴れ馴れしくすると、相手に警戒心や猜疑《さいぎ》心を持たれて、逆に距離ができてしまうことも。

まだお互いのことを深く知らない段階では、まずは相手に「信頼感」「安心感」を与えることを意識してください。そうすれば、仲間意識を持ってもらえて自然と距離が近くなります。

この部署に新しく2名入ったぞ！
新卒です、よろしくお願いしますっ
支店から異動してきましたー！よろしくお願いしまーす！
はやくみんなのこと知りたいわ！
グイ
お仕事順調ですか！？
グイッ
何歳ですか！？
えっと…
どちらにお住まいですか
グイー
えっ
ひえ～
なんだかみんなが遠いわ
？
ザワ
ザワ
ナゼ？？
あの～
少しずつ慣れていきたいと思います
これかっ
これからよろしくお願いいたします!!

IIKAE 1 ZUKAN

× よけいなひと言

お仕事は順調ですか？

←

◎ 好かれるひと言

最近、仕事はどうですか？

質問は「クローズド・クエスチョン」ではなく、
「オープン・クエスチョン」で。

質問には、**イエスかノーでしか答えられない「クローズド・クエスチョン」**と、**相手が自由に答えられる「オープン・クエスチョン」**があります。初対面では、前者の「クローズド・クエスチョン」が多いと、返答がひと言で完結しやすく、会話が盛り上がりません。

たとえば、あなたが仕事の状況を聞かれたとき、「仕事は順調ですか？」と質問されたらいかがでしょうか？「まあ順調ですね」「順調ではないですね」の〝2択〟で答えるしかなくなってしまいますよね。あまりうまくいっていないときは、気まずくて答えにくいかもしれません。

一方、「オープン・クエスチョン」の「最近、仕事はどうですか？」といった問いには、業績のことでも、部下や上司のことでも、新しくはじめたプロジェクトのことでも、仕事に関する話しやすい話題を相手が選ぶことができます。相手が開示した話題についてさらに聞くと、話の幅が広がり会話が長続きしやすいのです。

これは仕事の話題以外でも言えること。「クローズド・クエスチョン」ばかり使っていると、相手を問い詰めているようなニュアンスになりがちです。一方的に「〇×は好きですか？」と聞いても「はい」か「いいえ」しか返ってきません。それよりは、**「〇×についてはどう思いますか？」「〇×が流行っているみたいですけど、どうなんでしょうね？」**と問いかけると、意見や感想を言いやすくなるのです。ぜひ今日から、ふだんの会話でも意識してみてください。

IIKAE 2 ZUKAN

よけいなひと言

何歳ですか？

←

好かれるひと言

何歳代ですか？

「年齢」をストレートに聞くのはマナー違反。
「世代」を聞いてみて。

初対面の相手とは、まったくお互いの情報を知らない状態で話をしなければなりません。すると、何から話せばいいか、わからなくなることもありますよね。相手と会話するうえで、共通の話題を探すために、年齢を聞きたくなることもあるでしょう。

けれども、特に女性は、若くても年齢を言いたくない人がいるので、単刀直入に「何歳ですか？」と聞くのは失礼にあたります。つい口にしてしまわないように注意を。相手のことを知りたいがゆえに、**「いいじゃない、教えてよ」としつこく聞き出すのはもってのほか**です。

それでも、相手の世代がわかったほうが共通の話題を見つけやすいという場合は、「何歳代ですか？」と聞いてみてはいかがでしょうか。最近は、30歳前後の世代を意味する「アラサー」、40歳前後の世代を意味する「アラフォー」といった便利な言葉もあります。

私もカウンセリングの現場や電話相談で、相談者の年齢を確認する必要がある際に、「おいくつですか？」とは聞きません。そのかわりに、**「よろしければ、何歳代か教えていただけますか？」**と幅をもった聞き方をするように心がけています。

相手が高齢の方でも同じです。高齢者の方に「高齢だと大変ですね」と言って傷つけてしまう人もいます。また、世代がわかったからといって、「その世代はこうですよね」と決めつけて話さない配慮も必要です。

× よけいなひと言

どちらにお住まいですか？

←

◎ 好かれるひと言

お近くなんですか？

初対面でダイレクトに「住んでいる場所」を聞くのは避けて。
「帰る方向」を聞く程度に。

仕事の帰りやイベントが終わったあとなど、関係者と一緒に帰路につくことがありますよね。その人がどのあたりに住んでいるのか知りたいとき、「どちらにお住まいなんですか？」と聞きたくなることもあるでしょう。そういうことを聞かれても、まったく気にしない相手だったら問題ありません。しかし、今は個人情報の開示に敏感な時代。プライベートについて聞かれることに、強い抵抗を示す人もいます。

自分と帰る方向が同じなのか知りたければ、**「ここから電車ですか？　私は○○線で帰るんですよ」**と、質問と自分の交通手段をセットで聞いてみてください。すると相手も「私は○○線です」と答えやすくなります。また、**「お近くですか？」**という聞き方であれば、相手はもっと自由に答えられます。「近いです。○○なんですよ」と住んでいるエリアを教えてくれる人もいれば、「ここから電車で1時間くらいですね」と言う人もいるでしょう。

もしも、「ええと、それは……」と答えにくそうであれば、「すみません、失礼しました」とひと言お詫びして、それ以上は聞かないように。住んでいるエリアを聞くこと自体は問題ないのですが、気をつけるべきは「聞き方」です。特に、初対面の場合は警戒心が強くなりやすいので、直接的な質問はタブー。**「どちら方面ですか？　私は○○方面なんですよ」**と、軽く聞くくらいでやめておいたほうが、不信感を与えません。

IIKAE 4 ZUKAN

× よけいなひと言

ご結婚されてるんですか？

←

◎ 好かれるひと言

お1人ですか？
それともどなたかとご一緒ですか？

家族のかたちはさまざま。
「答えにくい聞き方」をしない配慮を。

相手が未婚なのか既婚なのか、子どもがいるのかいないのかによって、話す話題が変わることはよくあります。自分と相手の共通項を知るうえでも、お互いの家族構成を伝え合うことは、決して悪いことではありません。けれども、この質問はとても聞き方が難しいのも事実。一歩間違えると失礼になりかねないので、慎重に言葉を選びましょう。「独身ですか？」「結婚してるんですか？」とストレートに聞かないようにしたいですね。

私はよく、**「差し支えなければ、○○さんのことをもっと知りたいのですが」**と前置きをしたうえで、「お1人ですか？　それともどなたかとご一緒ですか？」と聞くようにしています。同時に2つ聞いて、相手に特定の印象を抱いているわけではないことを示すのです。

独身か既婚かどちらかひとつだけ聞くと、「独身に見えるのかな？」「既婚者に見られてるわけ？」とよけいな気を遣わせてしまいますよね。なかには、その質問に対して過剰に反応して腹を立てる方もいらっしゃいます。

結婚していなくてもパートナーと同棲している人。結婚していても子どもはいない人。子どもはいてもパートナーはいない人。事実婚の人や、同性同士で暮らしている人もいるかもしれません。家族のかたちはさまざま。もし相手が答えにくそうにしていたら、**無理に問い詰めないでください**。家族構成を知らなくても、一緒に仕事はできるのですから。

× よけいなひと言

いくつに見えます？

◎ 好かれるひと言

私、〇〇歳なんです

「いくつに見える？」は「若く見えるでしょ？」と同義語。
年齢は自分から伝えて。

自分から年齢を言いたい人は、そう多くはないでしょう。ただ最近は、女性も男性も年齢不詳の人が多いため、仕事関係者には実年齢を伝えておきたいという人もいるようです。それ自体は問題ないのですが、日ごろから若く見られる人は、無意識のうちにもったいぶった言い方をしてしまうことがあるので気をつけてください。

男女問わず、「いくつに見えますか？」と聞く人は、みなさん例外なく「若く見える」と言ってほしいのです。「いくつに見えますか？」の裏メッセージは「若く見えるでしょう？若く見えると言ってね」なんですね。すると聞かれたほうは、50代にしか見えない人にも、失礼にならないように「45歳くらいですか？」とサバを読んで答えたりします。とはいえ「初対面の人の年齢はそこまで興味ない」というのが正直なところでしょう。

これから一緒に仕事する人であれば、お互いの年齢や経歴を簡単に紹介する場合もあるかもしれません。けれども明確な理由もなく、単に自分の年齢を言い当てさせるのは、自信過剰な人の自己満足の場合が多いのです。

どうしても年齢を伝えたいなら、**「私、○○歳なんです」とストレートに言う**こと。もし若さを自慢したいなら、**「ちょっと自慢させてください。私こう見えても○○歳で、孫が○人いるんです」**という感じで、明るく伝えられるといいですね。

× よけいなひと言

出身校はどちらですか？

↓

◎ 好かれるひと言

学生時代は何を学ばれていたんですか？

基本的に「学歴は聞かない」。
それでも知りたいなら、聞き方に工夫を。

相手の学歴を初対面で聞くのは不躾《ぶしつけ》ですので、基本的には避けたほうがいいでしょう。

ただ、職場環境や話の流れで、学歴が気になることもあるかもしれません。その場合は、大学や学校名を直接聞くのではなく、「学生時代は何を学ばれていたんですか？」と背景を想定できるような質問をしてみてください。すると、「文学です」「経済です」「工学部でした」などと返ってくると思います。そこで何か共通点があれば、**自分の学んできたことや学生時代の話をする**と、相手も「私は○○大学だったんですよ」と話してくれることがあります。

ただ、学歴の話をしたがる人は、「今どき学歴にこだわりがある人なんだ」と思われて、いい印象を与えません。

ごく一部の大学などは学閥が強いため、同じ大学出身者は結束力や仲間意識が強くなるという話もあります。それは見方を変えると、他の大学出身者は仲間ではないと思われてしまう可能性もあるということ。

仕事上、どうしても学歴の情報が知りたい場合は仕方ありませんが、そうでなければ、学歴や資格などは知らないほうが、その人自身の魅力を偏りなく見ることができるのではないでしょうか。自分から公開している人でなければ、**こちらからわざわざ出身校を聞く必要はない**と私は思います。

IIKAE 7 ZUKAN

✕ よけいなひと言

お酒とか強そうですよねー

←

◎ 好かれるひと言

お酒は好きですか？

イメージを決めつけて話さない。
わかったような物言いはしないで。

相手のことをもっと知りたいときはもちろん、どんな人なのか気になるとき、「イメージを決めつけた質問」をしてしまったことはありませんか？

たとえば、**「お酒とか強そうですよね？」「猫（犬）とか飼ってそうですよね？」「1人で旅行しちゃうタイプですか？」「バリバリ仕事してる感じですよね」**など。このような質問は、相手を「○○系の人」とわかりやすく理解したい場合に言ってしまいがちです。

仮に想定通り「お酒は強いですよ。ワイン1本は軽く飲んじゃいます」などと相手から返されると、「ほら、やっぱりね」と自分には人を見る目があると錯覚してしまう人も。

相手をわかっているような物言いをする人は、他人を支配下に置きたい欲求が強い傾向があります。それは非常に危険なことで、一歩間違えれば相手を傷つけて敵をつくることになりかねません。「人のことを勝手に決めつける傲慢な人」と思われる可能性もあります。

初対面の人のことを内心で、「お酒が強そう」と思っても、そのまま口に出さないこと。「お酒は好きですか？」とまず聞いてみて、相手から好きなお酒の話をしてくれたら、**「私も好きなのでそうじゃないかな？　と思ったんです」**と伝える程度にしておきましょう。

見た目と中身が全然違う人もたくさんいますから、どんな人でも一方的に決めつけて話さないように。一歩踏み込んだ質問をするときは、お互いをもっとよく知ったあとにしましょう。

IIKAE 8 ZUKAN

よけいなひと言

モデルさんみたいですね

←

好かれるひと言

笑顔がステキですね

初対面で相手の「容姿」に触れないで。
「表情」や「雰囲気」をほめましょう。

きれいな人、かわいい人、カッコいい人、スリムでスタイルがいい人など、見た目が印象的な人と会うと、つい容姿に関することを言いたくなるかもしれません。しかし、**初対面の人に「容姿」のことを言うのは、基本的にNGです。**

それがたとえほめ言葉であっても、顔や体型は生まれつきの部分が大きいですから、良し悪しで人を品定めするような発言は慎みましょう。

もしもひと言、初対面の好印象を伝えたいのであれば、**「笑顔がステキですね」「生き生きしていらっしゃいますね」「お話がおもしろいですね」「落ち着いていらっしゃいますね」**など、相手の動作や表情、雰囲気をほめるようにしてください。

「かわいいですね」「スタイルがいいですね」と言うと、下心があるように思われて嫌がられる可能性もあります。また、**「(著名人の)○○さんに似てますね」「モテそうですよね」といった、一方的な主観を押しつけるの**もよけいなお世話。自分がよかれと思って言ったことでも、相手にとって必ずしもそうだとは限りません。

知り合いに背の高い女性がいるのですが、「背が高いですね。何かスポーツやってたんですか?」と聞かれることがあまりに多くて、「またか……」とげんなりすると言っていました。お互いのことをよく知らない初対面の段階では、容姿に関する話題は避けたほうが無難です。

IIKAE 9 ZUKAN

× よけいなひと言

どこかで会いました？
はじめて会った気がしないですね

←

◎ 好かれるひと言

緊張する場でしたが、○○さんとは
とても話しやすかったです

ナンパの常套句のようなセリフはNG。
距離感を大事にして。

とても話しやすい人や気が合う人とお会いして、もっと近づきたいと思ったとき、「はじめて会った気がしませんね」と言うのは、まるでナンパの常套句《じょうとうく》のようなセリフ。仕事関係者に対して使う言葉としては不適切なことも。人によっては、軽薄な人だと思われてしまいます。

単純に会話が盛り上がって親しみやすさを伝えたいのであれば、**「はじめての場で緊張しましたが、○○さんとはとても話しやすかったです。助かりました」**という言い方をすると好感を持たれやすいと思います。

「どこかでお会いしたことありますよね？　絶対会ったことありますよね」としつこく探りを入れるような聞き方をするのも、相手を混乱させてしまいます。「もしかして、○○の会に参加されていませんでしたか？」と具体的に聞いたほうが、相手も思い出しやすいでしょう。

同じようなセリフに、「私の知り合いの○○さんに似ているので、初対面の気がしないです」という言い方もあります。これもよけいなひと言で、自分が知らない人のことを引き合いに出されても、返答に困ってしまいます。

ナンパ口調になったり、いきなり馴れ馴れしく話しかけたりすると、相手の気分が興ざめしてしまうこともあります。**「今日はとても楽しかったです。ありがとうございました」**と伝えるだけで、じゅうぶん気持ちは伝わるものです。

× よけいなひと言

これから仲良くしようね

←

◎ 好かれるひと言

これから仲良くしていただけるとうれしいです

「馴れ馴れしい」話し方はリスクあり。
誰に対しても「敬語」で話すほうが信頼される。

仕事の場面において、**初対面の人に「タメ口」で話しかけることはしない**ようにしましょう。「タメ口のほうが親近感を持ってもらえる」と思ったら、大きな間違い。友だちであれば「タメ口」で話してもかまいませんが、ビジネスの場では、たとえ相手が年下でも「です・ます」調の話し方で統一するのがマナーです。なぜなら、**どんな相手にも平等に接する態度**が、多様な人が働く職場で良好な人間関係を維持するための前提となるからです。

たとえば、初対面のときに「これから仲良くしようね」と言う人がいますが、自分が主導権をにぎっているように聞こえませんか？

組織のトップやリーダーが「仲良くしていきましょう」と呼びかけるなら問題ありません。しかしリーダーでもなんでもない立場の人が、こういう言い方をすると「なんだかエラそう」と思われてしまう可能性があります。そんなリスクを負わないためには、**「これから仲良くしていただけるとうれしいです」**と、自分の気持ちをプラスして謙虚に伝えること。

以前、私が訪れた介護施設で、若い職員から「今日も元気だね」「がんばってるね」と声をかけられた入所者の方が、「バカにされている」と感じてトラブルになったケースがありました。「友だち言葉」を使うとプライドを傷つけられる人もいるのです。

名前を呼ぶときも相手によって変えず「〇〇さん」で統一することを習慣にしましょう。

第2章 自己紹介

自己紹介の目的は、相手に好印象を持ってもらうこと。「この人ともっと話してみたいな」と、周りが自分に興味関心を持ってくれるきっかけをつくる、最初で最大のチャンスです。

自己紹介が上手な人は、最近の出来事や、おもしろかったこと、ちょっとした失敗談など身近な話題を笑顔でさらりと話します。自分自身の人間性をアピールするのが上手です。

反対に、自己紹介で失敗する人によくありがちなのは、「自分を大きく見せようとすること」。見栄やプライドから、勤め先の会社や仕事の実績を自慢したり、逆に必要以上に自分を卑下して、ダメな人間ぶりをアピールしたりする人もいます。いずれも自己肯定感の低さが原因なのですが、自慢も自虐も、「マイナスの印象」しか与えません。

残念な結果を招かないためには、素直に自分を出してみてください。そして、相手に「この人は敵じゃない」「もっと知りたいな」と思ってもらえれば大成功。初対面で親近感を持ってもらえれば、ほどよい距離感で人間関係をスタートできるのです。

じゃーちょっと自己紹介でもしてもらって
ハイ!
えっ
こういうの苦手なんだよなぁ
あ、はい…
えと…
自分は全然…ダメで…自信もなくて…その…えと…
もじもじ
わ〜〜やっぱり変な空気になっちゃったよ〜
あの…その…
…
私たち、自信はありませんが
ね!
いろいろなことにチャレンジしていきたいです!

IIKAE 11 ZUKAN

よけいなひと言

× 自分は全然ダメで、自信がないんです

好かれるひと言

◎ 自信はありませんが、チャレンジしていきたいです

苦手なことを伝えたら、
最後は必ず「前向きなプラス言葉」で。

人間は完璧ではありません。だれでも自信がないことの1つや2つあるものです。だからこそ、世の中の大半の人が、人と協力しながら仕事を進めているのです。

それでもあえて、自己紹介で「自分はダメ人間だ」とマイナスアピールする人は、「自分に期待しないでほしい」「大変な仕事はふらないでほしい」とリスクヘッジしているように見えます。そういう人はやる気がないと思われて、一緒に働く人はガッカリしてしまうでしょう。

もしどうしても自信がなくて、これから新たにはじめる仕事に不安がある場合は、**「自信はありませんが、いろいろチャレンジしていきたいと思います」**と、前向きな言葉で締めくくってください。自信がないのは悪いことではありません。むしろ正直に苦手なことを言えば、周りの人たちも「サポートが必要かな」と心の準備ができるものです。

ただ、なかには「私なんてダメ人間なので、こんなすごい職場で働けるなんて信じられません」「みなさんのように有能な方と仕事できる身分じゃないです」といった物言いで自分を卑下する人も。こういう人は、何もしないうちから言い訳をしているようで、「面倒な人だな」と思われて場がしらけます。

できないことはできないと正直に言うのはかまいませんが、そのあと必ず**「前向きなプラス言葉」を組み合わせてやる気を見せて**。そのほうが、ぐっとイメージアップしますよ。

✕ よけいなひと言

ちょっと話が長くなりますが……

←

◎ 好かれるひと言

私のことを2つだけ伝えさせてください

「自分語り」する人は依存傾向あり。
ポイントを絞って伝える練習を。

自己紹介で「自分語り」をはじめる人、いませんか？　本人は、自分のことを知ってほしくて話がどんどん長くなるのですが、聞いているほうは「その話、いつまで続くの？」と飽きてくることも。親しい人と話す場であれば、長い自分語りを聞かされるほうも、心の準備ができます。ところが、自己紹介でいきなり長い話をされるとどうでしょうか。「空気が読めない人」「かまってほしいうざい人」と思われて、周りに引かれる可能性もあります。

誰に聞かれたわけでもないのに、自分のことを赤裸々に話したがる人は、「依存しやすい傾向」があります。「私も話したんだから、あなたのことも全部話して」と、共依存の関係になりやすいのもこのタイプ。そんなマイナスイメージを与えることなく、自分のことを知ってもらう話し方のコツは、**「ポイントを絞ること」**です。

「私のことを2つだけ伝えさせてください」と先に言ってから話しはじめると、聞くほうも「2つってなんだろう？」と気になり耳を傾けます。そこで、自分を知ってもらうための話を2つだけに絞って、シンプルにわかりやすく伝えます。その話に興味を持ってもらえたなら「もっと詳しく聞かせてほしい」と質問されたり、盛り上がったりするでしょう。

間違っても、**2つだけと言いながら3つも4つもダラダラと話さないこと**。また、2つの話が延々と終わらない、長過ぎる自己アピールにならないように気をつけて。

IIKAE 13 ZUKAN

× よけいなひと言

私、人見知りなのですみません

↓

◎ 好かれるひと言

はじめての人ばかりで、緊張しています

「人見知り」アピールはバリアを張っているのと同じ。
緊張感を素直に伝えて。

人見知りの人、多いですよね。初対面の会話でも、「私、人見知りなのですみません……」と口癖のように言う人もいます。これは、相手に対して**「私にあまり近づかないでください」とバリアを張っているようなもの**。

緊張すること自体は仕方のないことです。何も悪いことではないので、謝る必要もありません。ただ、「人見知り」というアピールは、相手を寄せつけたくないと思われたり、逆に相手に会話をリードしてほしいと思っているようにも聞こえます。

ですから、人見知りの人は**「はじめての人ばかりで緊張しています」と気持ちを素直に伝えましょう**。試験のときなども「緊張している」と口に出したほうがいいと言われています。自分のマイナス感情を1人で抱え込むのではなく、周りに伝えることで気分が楽になることもあるからです。言われたほうも相手の気持ちがわかれば、それに合わせた言葉がけができます。「私も緊張します」と言ってもらえたら、お互い緊張もゆるみますよね。

誰でもはじめて会う人とは、何から話せばいいかわかりません。だからといって、「こういう場は苦手なので」「大勢と話すのは慣れてないので」といったネガティブな言葉で、相手を寄せつけないようにしても、何のメリットもありません。それよりも、素直な気持ちをそのまま伝える人のほうが、よっぽど親近感がわくものです。

IIKAE 14 ZUKAN

× よけいなひと言

仕事と子育ての両立が大変です

←

◎ 好かれるひと言

しばらく時短勤務になりますが、よろしくお願いいたします

漠然と話すよりも、具体的に謙虚に伝えるほうが協力してもらえる。

小さな子どもがいる人は、仕事と子育ての両立の大変さを伝えたいこともあるでしょう。相手にとっても、仕事仲間の家族構成を知ることは大事ですから、そのこと自体はまったく問題ありません。ただひとつ注意してほしいのは、初対面の人にいきなり「仕事と子育ての両立が大変で苦労しています」と、**感情まで伝える必要はない**ということ。

もしも子どもの送り迎えで、出社時間ギリギリの出勤になったり、時短勤務したりすることを伝えたい場合は、そのまま率直に伝えましょう。「いま子育てが大変なので、よろしくお願いします」といった漠然とした挨拶《あいさつ》だけでは、「なにをよろしくお願いするつもりなの？」と、モヤモヤして反感を買う可能性があります。

けれども、**「子どもを保育園に送ってから出社時間ギリギリに駆け込むと思いますが、よろしくお願いいいたします」「しばらく時短勤務になります。ご迷惑をおかけします」**と言われていたら、周りの人も「子どもが小さいうちは仕方ないよね」と協力的になりやすいもの。人の理解を得るためには率直に正直に話すほうが、好感度が高まります。

ただ家族のことは、自己紹介で詳しく話さないほうがいい場合もあります。特に子育ての話は控え目に。実際に働きはじめたあと、関係者だけに伝えればじゅうぶんです。初対面では敵をつくらないことを優先したほうが吉です。

IIKAE 15 ZUKAN

× よけいなひと言

資格を10個持っています

←

◎ 好かれるひと言

資格マニアなので、あと何個とれるかチャレンジしたいですね

「自慢話」は避けて。
「会話のネタ」にするなら話すのもあり。

「自分のことを認めてほしい」「仕事ができる人だと思われたい」「他人より評価してほしい」……。そのような自己顕示欲が強い人は、初対面から間違った自己アピールをしてしまいがちです。「学歴」「資格」「実績」など自分の自慢話をするのはこのタイプ。

逆に、周りから興味を持ってもらえる人や、もっと話してみたいと思われる好印象な人は、**相手が話に乗ってきやすい話題**を提供することが上手です。

誰も聞いていないのに自己アピールばかりする人より、最近おもしろかった出来事や、誰でも興味関心を持ちそうなニュースなど、話が盛り上がる会話ができる相手のほうが、あなたも話しやすいと思いませんか？

それでも、少しでも自分のことをアピールしたい場合は、「資格を10個持っています」などとただ自慢するのではなく、「実は資格マニアで10個資格を持っているんです。ここまできたら、あと何個資格をとれるかチャレンジしてみたいですね（笑）」と、**ネタとして話してしまいましょう**。そうすれば相手も「へえ、がんばり屋さんなんだな」とプラスの印象を持って、笑って応援してくれるかもしれません。

会話のネタとして提供できるようでなければ、わざわざ話す必要はありません。相手のいいところを見つけるつもりで「聞き役」に回るほうがずっと好印象を与えますよ。

× よけいなひと言

車が趣味です。
○○（高級車）に乗ってます

←

◎ 好かれるひと言

ドライブが好きです。
海によく行きます

「セレブ感アピール」は鼻につく。
親近感のある言葉選びを。

「この人、なんか嫌な感じ」と思われないことが自己紹介の要《かなめ》。ところが、鼻につく自慢話をして、地雷を踏んでしまう人がいます。

もちろん人の趣味嗜好《しこう》は自由ですから、お互いを理解したあとで話をするなら問題ありません。けれども、初対面の人に対する自慢話は、相手に反感を抱かせるだけです。

たとえば、「趣味は車。〇〇（高級車）しか乗らない」「海外旅行が好き。年3回以上は行かないと耐えられない」……。こうしたセレブ感を漂わせる趣味のことを、はじめて会った人が話してきたら、あなたはどんな気持ちになるでしょうか。「いきなり自慢？」「うざい」「上から目線」といった嫌悪感や不快感をおぼえませんか？

自慢話で「俺って（私って）すごいでしょ？」とアピールする行為は、承認欲求の現れ。贅《ぜい》沢《たく》な暮らしやお金持ちの「雰囲気を匂わせる」ことで、自分のことを認めてほしいのです。

この場合、**所有物や高級志向はあえて言わない**ことがポイントです。たとえば、「**クルーザーを持っています**」ではなく、「**海が好きです**」、「**高級レストランによく行きます**」より「**食べ歩きが好きです**」といった言い方です。

詳しい話は、もっと仲良くなってからすればいいのです。初対面での自慢話は何の得にもなりませんので、気をつけて。

よけいなひと言

〜っすね。ぶっちゃけ。ガチで

好かれるひと言

〜です。正直に言って。本気で

ビジネスで「カジュアルな話し言葉」は禁物。
未熟で失礼な印象を与えます。

社会人でも特に若い世代でよく耳にするのが、「〜っすね」「ぶっちゃけ」「ガチで」といったカジュアルな話し方です。こうした言葉づかいが習慣になっている人は、職場では特に「言いかえ」を意識してください。

ビジネスシーンでは基本的に、いわゆる「タメ口」と言われる友だちに対する話し言葉は禁物です。しかも初対面の人に自己紹介するならなおのこと。カジュアルな話し言葉ではなく、「です・ます」調の正しく丁寧な言葉が望まれます。

友だち言葉の「タメ口」で話すデメリットはたくさんありますが、一番大きなリスクは**未熟で失礼な人間に見られる**ことです。好印象を持ってもらうために自己PRをしても、言葉づかいだけで幼稚な人に思われてしまうのです。

また、社会人としての常識を疑われて、**信頼を損なう可能性もあります**。大切な取引先の担当者を決めるときも、平気で「タメ口」をきく人には安心して任せられません。

私が新人研修を担当するときも、人事の方から「正しく丁寧な言葉づかいをするように指導してください」とよく頼まれます。それほど言葉が乱れている人が増えているのです。

親近感を出して相手と近しくなりたいという意図があっても、職場は学校ではありません。仕事仲間は遊び友だちではないのです。仕事のときは仕事の言葉で。

×よけいなひと言

えっとー。それでー。あのー

←

◎好かれるひと言

……（あえて間を空ける）

「間」も立派なコミュニケーション。
怖がらずに「間」を空けながら話してみて。

自己紹介に限らず人前で話をするときに、「えっとー」「それでー」「あのー」と、話の間をつなぐ言葉が口癖になっている人がいます。これこそよけいなひと言なので、聞いているほうは気になるばかり。「あのー」を何回言うか指折り数えはじめてみたり、イライラして聞く耳を持たなくなったりする人もいますよね。

では、どうやってこの口癖を直せばいいでしょうか？ **あえて「間」を空ければいい**のです。「間が空くと怖い。何か言葉でつなぎたくなる」と思うかもしれませんが、「間」も立派なコミュニケーションです。

次に話すことをじっくり考えながら、慎重に言葉を選んでいる姿は、マイナスではなくプラスの印象を相手に与えるものです。試しに想像してみてください。口癖も含めて矢継ぎ早にしゃべり続けている人の話を、集中して聞き続けることができるでしょうか？

私の知り合いの予備校講師は、生徒の集中力が切れてきたと感じたら、説明の途中でわざと息を止めて「間」を空けていると言っていました。

短い時間で上手にポイントを伝えるためにも、「間」を上手に取り入れてみてはいかがでしょう？ 口癖ばかりで話が途切れず、結局、何を言いたいのかわかりづらい人よりも、よっぽど大きな信頼感を得ることができると思いますよ。

「ストレスに強い人」と「ストレスに弱い人」の違い

カウンセリングの現場で人間関係について相談を受けていると、同じような問題に対して「ストレスと感じやすい人」と「ストレスと感じにくい人」がいることに気づきます。その違いは、**「他人軸」と「自分軸」のどちらを重視する傾向が強いか？**という点にあるように思います。

人のことを気にして「嫌われたくない」「よく思われたい」と思う気持ちが強い「他人軸」の人は、相手の言動に傷つきやすくなります。頼られると断れず、無理してしまうタイプ。自分を追い詰めやすく、自己犠牲を払ってがんばっているのに評価や感謝を得られないと、無力感や腹だたしさを感じることも。

一方、「自分軸」を持っている人は、「私は私、あなたはあなた」「自分の問題と相手の問題は別」と、割り切って考えることの大切さを理解しています。自分

と相手の感情や行動を混同しないことが、ストレスから身を守るためのコツだとわかっているのです。

また、「ストレスに強い人」は、「結果」だけに一喜一憂せず、「プロセス」を楽しむ傾向もあります。資格試験に合格できなかったときでも、知識が増えたことや共に学ぶ仲間と出会えたことをプラスにとらえる人が多いのです。けれども、不合格を失敗だと思う人は、大きなストレスを感じます。これも、自分にとって何が大切かが明確にある「自分軸」があるかないかの違いなのです。

「自分軸」を持ちたいと思う人は、「**1人で過ごす時間**」を大切にしましょう。自分だけの時間を持つことはリフレッシュにつながり、人間関係によって疲れた心も軽くなります。自分を大事にすることにもなります。

もうひとつは、「**人と適度な距離を保つこと**」です。人との距離が近づけば近づくほど、自分が消耗することになります。逆に、人と上手に距離を保つことができれば、心にゆとりを持つことができるのです。

第3章

上司・目上の人と話す

ビジネスシーンでは、上司や目上の人には「礼節」をわきまえて、「尊重」と「信頼」の気持ちを示すこと。人と人とが協力して仕事をするわけですから、それが礼儀です。

また組織の和を乱さないためには、「感情」を先行させずに人とコミュニケーションすること。年齢性別関係なく、誰に対しても「平等」に接すること。この2つがポイントです。

日本企業の大半は縦割り組織で、縦の連携でつながっていますので、仕事の「報告・連絡・相談」は必ず直属の上司に話すこともお忘れなく。上司を飛ばしてその上の責任者に相談するのは、テリトリーを越える行為でルール違反になります。そうした基本的な点を守れば、上司や目上の人とも良好な関係を維持することができるようになるでしょう。

また、年功序列より成果主義を採用する会社が増えたことから、「上司が年下」ということもめずらしくなくなりました。それでも必ず「さん」づけで呼び、だれに対しても「です・ます」調で話すことを心がけることが大切です。

明日の商談用の資料まとめてくれるかな？
了解です～
ん…？
モヤッ
すみません
この後13時からの来客対応できますか？
できなくはないですけど
どっち!?
え…と
？
ホッ
はいっ
なんとかできると思います！
バッ
お手伝いします！

IIKAE 19 ZUKAN

× よけいなひと言

了解です

←

◎ 好かれるひと言

承知しました

「了解」は、同僚や部下に使う言葉。
上司や目上の方には使わないこと。

相手が誰であっても「了解です」「了解しました」という返事しかせず、「了解」が口癖になっている人がいます。

しかし、上司や目上の人、社外の人に対する返事は**「承知しました」「かしこまりました」が適切**。なぜなら「了解」には、事情を理解し、認めるという、許可の意味合いを含むからです。もし、目上の方にも「了解」を使っているようなら、今日からすぐにでも使い分けたほうがいいでしょう。

「了解」に謙譲語の「いたしました」をつければいいと思うのか、目上の人や社外の人に「了解いたしました」と言う人がいますが、これも避けたほうがよいです。**自分より上の立場の人に「了解」を使わないこと**で、いらぬ軋轢《あつれき》を回避したいものです。

なお、友だちや同僚、年下に対しては、「了解」でもまったく問題はありません。

目上の人に対する同じような間違った表現に「感心しました」もあります。これは相手を評価する言葉で、やはり上から目線の態度。同じ意味でも**「感服しました」「感銘を受けました」**など、失礼がない敬語で感動や尊敬の気持ちを伝えるように言いかえましょう。

対面ではもちろんのこと、メールやチャットにおいても、きちんと使い分けられるように意識できるといいですね。

IIKAE 20 ZUKAN

よけいなひと言

できなくはないですけど

←

好かれるひと言

なんとかできると思います。お手伝いします

「後ろ向きな応答」は相手をモヤモヤさせる。
引き受けるときは「前向きな返事」を。

上司に急な仕事が入ったときや人手が足りないときなど、「ちょっと手伝ってほしいんだけど」と頼まれることがありますよね。自分にも仕事があるので、二つ返事で引き受けるほど余裕がないかもしれません。けれども相手が困っている様子であれば、簡単には断れません。

こういう場合、余裕がないとつい口にしてしまうのは、「できなくはないですけど」といった後ろ向きな表現です。「仕方ないから、やってあげてもいいけど」といったニュアンスを強調する言い回しです。こう言われると相手は、気持ちよく仕事を頼めなくなり、ネガティブな気持ちになってしまいますよね。

上下関係を良好に保つためには、「なんとかできると思います。お手伝いします」と**相手に気を遣わせない〝前向きな言葉〟で返事をしましょう**。ポイントは、やる気のなさをあえて露呈しないこと。「大変」「イヤ」「苦手」といったマイナス感情をプラスすると、相手のマイナス感情も刺激して「そんな言い方されたら気分悪い」と悪循環になりがちです。

できないときはキッパリと、**「いま手が離せない仕事があって厳しいです。申し訳ありません」**と断ったほうが相手も納得しやすいのです。

引き受けると決まっている仕事であれば、「ぜひお手伝いさせてください!」と積極的に応じましょう。マイナス感情の応酬はトラブルの元ですから、ご注意を。

IIKAE 21 ZUKAN

×

よけいなひと言

何もわからないので、
教えてください

←

◎

好かれるひと言

この仕事のこの部分が
わからないので、教えてください

質問は具体的に、ポイントをわかりやすく。
「自分で調べる」など努力も怠らずに。

新入社員であれば、「何もわからないので教えてください」と言っても許されるでしょう。けれども、入社2年目以降や異動してきた人が「何もわからない」と言うと、漠然とした丸投げ感があるので、何から教えればいいかわかりません。上司も忙しいのです。新人はゼロから教育する覚悟があっても、経験者に手取り足取り仕事を教える余裕はないでしょう。

それでも自分のために時間を割いてほしいのであれば、「この仕事のここがわからないので教えてください」と〝具体的〟な聞き方をしましょう。

どこまで理解できていて、どこがわからないのか、教えてほしいポイントをわかりやすく明示することが肝要です。**「この引き継ぎ資料の何枚目が理解できないので、教えてください」**といった具合です。このようにポイントを絞って質問すれば、相談されたほうも「確かにそこはわかりにくいかも」と、すぐに何をすべきか理解できてアドバイスしやすくなります。

ただ、わからないことを質問することは大事ですが、何度も質問すると「またか。少しは自分で調べてほしい」と思われる可能性も。

周囲に負担をかけないためには、**自分で試行錯誤したうえで、どうしてもわからないことだけ聞く姿勢**が大切です。他人を当てにせずにコツコツ積み重ねた努力が、自分の成長にもつながるのです。

IIKAE 22 ZUKAN

× よけいなひと言

これも仕事のうちですか？

◎ 好かれるひと言

都合が悪いので、今日は失礼します

相手に気を遣わせない断り方を。
「1人の時間を大切にしたい」と言ってOK。

会社勤めをしていると、職場の上司や先輩たちから、飲みに行こうと誘われることがよくあります。業務時間には話せないこともありますし、お互いの人となりを知る貴重な機会にもなるので、飲み会が好きで参加したいという声もよく聞きます。

一方、「仕事以外の時間まで、職場の人たちと一緒に過ごすのはちょっと……」と抵抗を示す人がいるのも事実。では、どのように断れば角が立たないでしょうか？

最近は、「それも仕事のうちですか？」「そういうお誘いは、行かないことにしているので」と断る人もいます。しかし、この言い方は、「あなたたちと必要以上に関わりたくない」と拒否しているようなもの。一緒に働く人たちに壁を作ってしまうようなものです。

お互いに気持ち良くやりとりをするためには、「都合が悪いので、今日は失礼します」と率直に意思を伝えましょう。「都合」の内容は、「自分の気持ち」でも問題ありません。このとき、あえて嘘の理由を伝える必要もありません。

何度も断るのが面倒なら、**「1人で過ごす時間がないと、ゆっくり休めなくて」「お酒の席が苦手なんです」**と正直に言えるといいですね。就業時間外は「個人の時間」ですから、遠慮せずに伝えましょう。

無理に参加し、ストレスをためるようなことのないようにしてください。

IIKAE 23 ZUKAN

よけいなひと言

そういう仕事は苦手なんです

←

好かれるひと言

その仕事は自信がないので、サポートをお願いできますか？

「好き・嫌い」や「得意・不得意」で仕事を選ばない。
できないことは相談してみて。

誰でも、得意なこともあれば苦手なこともあります。それもすべて引っくるめて、やるべき業務を遂行するのが、働いてお金をいただくということ。とはいえ、スキルや経験が未熟なときは、自信がない仕事を頼まれることもあるでしょう。どうしても不安なときは、**「自信がないのでサポートをお願いできますか？」**と相談してみてください。

好き嫌いや、得意不得意を理由に、「そういう仕事は苦手なんです」「私、そういうことは嫌いなので」と最初から拒否するのは、社会人として不適切です。やる気がない人だと思われる可能性もあります。仕事に不安があるときは、**「何ができて、何ができないのか」具体的に伝える**と、上司も必要に応じて対処しやすくなります。

若い世代のなかには、「私って○○が苦手じゃないですか？」と甘えた言い方をする「かまってちゃん」もいます。こういう人は、「自分をわかってほしい。認めてほしい」という承認欲求が強い傾向があります。

自分のハードルを下げることで、何かできたときに「よくがんばったね」と、より高い評価を得たい気持ちがあるのかもしれません。けれども本当に信頼される人は、**「できないことがあってもがんばりたい」**というやる気を見せます。その上で、わからないことは聞いたり、周りに迷惑をかけない方法を相談できたりする人が、どんどん成長できるのです。

IIKAE 24 ZUKAN

よけいなひと言

そんなの聞いてませんよ

←

好かれるひと言

その件は把握しておりませんでした

相手の非を責めないで、トラブルを繰り返さない「改善策」を考えよう。

仕事でもプライベートでも「言った・言わない」が原因でトラブルになることがよくあります。「言ったつもりの人」「言われたことを忘れた人」「そもそも言われてない人」がいくら言い争っても、堂々巡りでますます険悪なムードになるだけ。

たとえ、上司から指示された覚えがないことを指摘されても、「そんなの聞いてませんよ」と、相手に非があることをとがめるような言い方は避ける配慮が必要です。

相手を逆上させるのは、「〇〇さんはこう言いましたよね？」「そんなこと知りません」「変更点があるなら早く言ってもらわないと困ります」と責任転嫁しようとする言い方。

相手に非があったとしても、**「変更点がある場合は、口頭だけでなくメールでもご連絡いただけると助かります」**とお願いすると、言い争いを回避できます。

もしも、自分の確認不足で相手に迷惑をかけてしまった場合は、「大変申し訳ありませんでした」と最初にお詫びしてください。その上で、「重要な連絡について私から返事がない場合は、メールを見落としている可能性があるので、大変申し訳ありませんがリマインドしていただけるとありがたいです」とお願いしてみてもいいでしょう。

終わったことの責任のなすりつけあいではなく、**同じ失敗を繰り返さない「改善策」**について建設的な話し合いをすることが、信頼関係につながっていくのです。

IIKAE 25 ZUKAN

よけいなひと言

大丈夫です

好かれるひと言

○○まで終わっていて、○日までに残りを仕上げる予定です

「大丈夫」という言葉はトラブルのもと。
進捗状況を「具体的」に伝えよう。

仕事の進捗状況を聞かれたとき、返事の仕方を間違えると、思いもしなかったトラブルにつながることがあります。原因として多いのは、上司に心配をかけたくない気持ちや、自分の評価を下げたくないという気持ちから、**その場しのぎで「大丈夫です」と相手を安心させる返事をしてしまう**ケース。

このような心理的作用が働くと、10ある仕事のうち3しか手をつけていなくても「大丈夫です」「普通に進んでます」と漠然とした答えをしがちです。すると相手は「順調に進んでいるんだな」と、自分に都合よく解釈してしまうもの。その結果、「まだ終わってないのか？　大丈夫って言っただろう！」と後々トラブルになる可能性があります。

進捗状況を伝えるときは必ず、どこまで終わっているのか「具体的」に示さなければいけません。**「今○○まで終わっていて、○日までに残りの資料を仕上げる予定です」**と、現時点での作業内容とスケジュールをセットで伝えれば誤解を招きません。上司には常に「報告・連絡・相談」をすることを心がけてください。

また、困ったことやわからないことがあれば、隠すのではなく、むしろ早めに**「この部分の進め方について悩んでいます」**と相談すること。何でもオープンにして進めていれば、上司も同じように心を開いて、安心して見守ってくれるようになるものです。

IIKAE 26 ZUKAN

× よけいなひと言

休まずに働けってことですか？

◎ 好かれるひと言

スケジュール的に厳しいので、○日までお時間いただけませんか？

ケンカを売るような返事はマイナス。
「発展的な方向」に会話を進めて。

上司から仕事の無茶振りをされて困ったとき、あなたはどう対処されていますか？

たとえば、土日休みの職場において、「金曜日の夕方」に、「週明け締め切り」の負荷の高い仕事を依頼されたらどうでしょうか。どう考えても対応する時間が足りない場合、「それって、休まずに働けってことですか？」と言い返したくなるかもしれません。

しかし、そのような表現はケンカを売っているようなもの。上司は、「急ぎなのだから当然やってくれるはず」と思っている場合もあり、このような状況が常態化している職場も多いのではないかと思います。

仕事の内容にもよりますが、緊急の案件は別として、「**スケジュール的に厳しいので、○日までお時間いただけませんか？」と締め切りの延長を相談する**のが得策です。

そうは言っても、急な変更事項や流動的な業務、特に納期が定められている場合は、休日も何も関係ないということもあるでしょう。しかし、あまりにも無理なことを引き受けないことも仕事の質を保つ上では大切ですし、自分の状況をきちんと伝えることも重要です。仮に休日出勤を余儀なくされるようなことがあれば、代休を申請するなど、自分の身を守ってください。

一方、管理する側は、休日の時間帯を差し引いた上での指示出しを心掛けたいところです。相手が社外の人の場合は、「**○営業日以内に**」などの配慮があるといいですね。

IIKAE 27 ZUKAN

× よけいなひと言

最初にやり方を指示してもらわないと、そんなことわかりません

←

◎ 好かれるひと言

どう改善すればいいか、具体的に指示していただけると助かります

できない理由を「人のせい」にしない。
「謙虚な姿勢」でアドバイスをもらおう。

仕事の経験が浅いうちは、注意されるのはよくあること。そのたびに、いちいち落ち込んだり腹を立てたりしていたらストレスがたまる一方です。できないことやわからないことは、わかる人に質問や相談するなどして、ひとつひとつ仕事を覚えていけばいいのです。

ところが、「自分のミスはすべて他人に責任がある」と考える〝他責思考〟の人は、「やり方を教えないあなたが悪い」と思いがちです。

すると「最初にやり方を指示してもらわないと、そんなことわかりません」と、相手を責めるような言い方をすることがあります。こう言われると相手も、「わからないなら、あなたが先に聞いてくるべきでしょう」とカチンときてしまいますよね。

こんなときうまく進めるためには、どんなときも自分が「謙虚な姿勢」を崩さないことです。この場合は、**「どのように改善すればいいか、具体的に指示していただけると助かります」**と、冷静かつ前向きな態度で対処しましょう。

資料作成や商品製作など実物を確認できるものがあれば、**「過去の事例を見せていただけますか？」**とお願いするのも手。お客様とのやりとりなど言動を注意された場合は、**「見本を見せていただけるとわかりやすいです」**と言っても問題ありません。

責任転嫁するのではなく、問題解決に向けた具体策を考えましょう。

IIKAE 28 ZUKAN

× よけいなひと言

これって、私が悪いってことですか？

←

◎ 好かれるひと言

意思疎通ができていませんでした。次から確認するようにします

ミスはミスと認めて「お詫び」する。
行き違いをなくすための「相談」も必要。

連絡の行き違いからミスやトラブルが起きたとき、「これって、私が悪いってことですか？」と〝責任逃れ〟発言をする人がいます。もっとストレートに「私は悪くないですよね？」という人も。特に複数のメンバーで進めているプロジェクトで起きたトラブルは、「いつ、誰が、何を」すれば問題を回避できたのかわかりづらいため、「これって誰の責任？」となりがちです。

たとえば、受注した商品の納品が間に合わず、「誰が納期を決めたの？」「先方の要望に合わせた私が悪いってことですか？」と言い合いになるケース。後者の言い分は、「お客様ファーストの自分は悪くない」という主張。しかし前者は、その納期で可能かどうか事前に関係者に確認しなかったのは、勝手に受注した人の責任だと言いたいわけです。

ミスはミスと認めてお詫びしたうえで、**「（関係者と）意思疎通ができていませんでした。次から確認を徹底します」**と言えば問題ありません。

行き違いをなくす方法がわからない場合は**「確認をとるにはどうすればいいですか？」**と相談してもいいでしょう。そうすれば周りも、同じ失敗を繰り返さない連絡方法や連絡手段を考えて、アドバイスしてくれるはずです。場合によってはフローの作成も必要でしょう。

仕事でわからないことや不安なことがあれば、独断で決めずに、わかる人に必ず確認をとること。そのひと手間がとても大事なのです。

第4章 部下と話す

長年、数多くの新人研修を担当してきましたが、ここ5年くらいで新入社員の傾向が変わったと感じています。大きな変化は、「自分の本音を言わない人が増えたこと」。上司との意思疎通がうまくできずに、メンタルの不調を訴える人も目立ちます。

コミュニケーションの基本は、打ち返す「ラリー」ではなく、受けとめ合う「キャッチボール」。相手の意見をいったん受けとめる姿勢が大事です。また、基本キャッチボールは平らなところで行うもの。しかし、上下関係があれば、2階や3階と1階でやりとりを行うようなものです。その力関係を意識して、とりやすいボールを投げる配慮が必要です。

また、上司は部下に対して、防衛機制の「投影」が強くなりやすい傾向があります。「投影」とは、自分の嫌な部分を他人に「投影」することによって、自分のマイナス要素を他人に転嫁する防衛方法です。部下にイライラしやすいときは、その原因が自分自身の中にないか冷静に考えて、関係性を客観視することを意識してください。

やっぱり私はダメだ…
ズーン
打ち合わせ戻りました〜
どうしたの？
私…仕事全然おぼえられなくて
えー
？
なんでそんなことで悩んでんの〜？
うっ
仕方ないじゃんおぼえるしかさぁ
ぐっ
悩んでるんだね
え〜〜？
どの部分が問題なの？
一緒に考えていこう！

IIKAE 29 ZUKAN

✕ よけいなひと言

なんでそんなことで悩んでるの？

◎ 好かれるひと言

悩んでるんだね。どの部分が問題なの？

悩み相談を受けたときは、「受容」と「質問」をセットで返すこと。

働いていると、わからないことが出てくるのは当たり前。もし問題に直面したとき、自分1人で悩まずに、先輩や上司に相談して解決できる人は、成長も早いものです。

部下から悩みを報告されたときには、**「悩んでるんだね。どの部分が問題なの？」**と、必ず悩みを受けとめてから、相談に乗りましょう。

自分からしてみればたいした問題に思えなくても、**「なんでそんなことで悩んでるの？」「そんなの気にしなければいいじゃん」などと軽んじることのないように**しましょう。せっかく悩みを打ち明けてくれた部下は心を閉ざして、本音を言えなくなります。

また、問題解決志向で結論を急ぎたがる人は、すぐ「何があったの？」「問題は何？」「じゃあどうする？」と矢継ぎ早に質問し、相手の気持ちを無視して状況の把握にはしりがちです。かといって、「悩んでいるのか」と受けとめるだけでも話が先に進みません。

人は基本的に誰でも、自分を「受容」してほしいのです。その気持ちを受けとめた上で話を進めなければ、その場しのぎの対応としか思われないでしょう。

ポイントは、**「受容」と「質問」をセットにする**こと。そして、相手の気持ちを理解しようとしていることを「言葉」や「態度」で示すことです。話をする時間をきちんと取れるといいですね。

IIKAE ZUKAN 30

✕ よけいなひと言

なくはないんじゃない？

◎ 好かれるひと言

これもありだね

「あいまいな返事」は相手を混乱させるだけ。
「意思表示」ははっきりと。

部下を持つと常に「これでいいでしょうか?」「これはどうしますか?」と、進めている仕事に対する意見やアドバイスを求められるようになります。

しかし上司も人間ですから、白黒はっきり判断がつかないこともありますよね。その場合「なくはない」と言う人がいますが、「ノーとは言えないけどイエスでもない」といったあいまいなニュアンスで、相手を混乱させてしまいます。

「やってもいい」という肯定的な意味合いが強いのであれば、**「これもありだね」「それもいいかもね」とプラス言葉で**返したほうがわかりやすいですよね。

「ありよりのありだね」という言い方も流行っています。本来は「文句なしのあり」という意味ですが、「どちらかといえばあり」の意味で使う人もいます。こうした遠まわしでわかりにくい表現は避け、完全にイエスと言い切れない気になる点があれば、**「この部分を再考してみて」**と具体的に伝えてください。

また、断る際は「この企画は前にやったことがあるから、他のアイデアを考えてみて」と、**「断る理由」もセットにする**と、相手も納得しやすいでしょう。

リスクを避けてモヤッとした対応ばかりしていると、部下の信頼を失ってより大きなリスクを背負うことにもなりかねません。意思表示は、いつどんなときもはっきりと。

IIKAE 31 ZUKAN

✕ よけいなひと言

詰めが甘いよ、
こんな仕事しちゃダメでしょう

←

◎ 好かれるひと言

フォローするから、
納得がいくように仕上げてください

「考えるヒント」を与えて、
サポート役に回ることでやる気を引き出そう。

自分が一生懸命やった仕事に対して、上司から、「詰めが甘いよ」「こんな仕事の仕方、しちゃダメでしょう」「もっとちゃんと仕事して」「いい加減にして」と一方的に言われたらイラッとしますよね。モチベーションも一気に下がります。たとえ仕事が中途半端だったり、仕上げが下手だったりしたとしても、やる気を削《そ》ぐ上司の言葉は素直に受け入れられません。

では、**「わからないことがあればフォローするから、その資料は最後まで納得がいくように仕上げてください」**と言われたらどうでしょうか？　おそらく言われた部下は、仕上がりがまだ完全ではないことを自覚して、やるべきことをやるにはどうすればいいか考えはじめるでしょう。

具体的に気になる点があれば、「この資料のこのページがわかりにくいから、どうすればいいか考えてみて」とポイントを指摘しましょう。答えを教えると〝指示待ち人間〟になってしまうので、本人に考えさせる工夫も必要です。**「ヒントを与えて、改善点があればフィードバックする」**といったやりとりで進捗状況を確認しながら進めると、部下も納得いくまで仕事をやり切ることができるはずです。

まずは上司が動かなければ、部下も動きません。部下の仕事の出来不出来は、上司の管理能力によるところが大きいのです。

IIKAE 32 ZUKAN

×よけいなひと言

そんな話、聞いてないけど？
勝手に決めないでよ

←

◎好かれるひと言

重要なことは、必ず事前に
相談してから決めてください

部下がしたことは、上司の責任。
「責める」のではなく「話し合い」を。

起きたトラブルに関して、過去のことを批判したり責めたり非難するだけでは解決になりません。過去に執着してばかりいると、お互いの関係性も悪化します。ミスやトラブルなど悪い出来事が起きたときでも、「今後どうすれば改善できるか」という未来に向けた解決策を考えれば、前向きな話し合いができます。

それは、大事なことを事後報告してきた部下に対しても同じです。「そんな話、聞いてないけど」「勝手に決めないでよ」と言いたくなるところですが、**「今後、重要なことは必ず事前に相談してから決めてください」**と冷静に対処しましょう。感情的になって「あなたのせいだからね」「自分で責任をとって」と責任転嫁しようとする人もいますが、部下がしたことは基本、上司の責任でもあるのです。

なかには「好きにして」と投げやりになる人もいますが、これは完全な責任放棄。場合によっては「指導怠慢」を理由に、部下からハラスメント扱いされる可能性もあります。

「なんでそんなことしたんだ?」と問い詰めるのも危険な行為。**「なんで?」「なぜ?」は、「デンジャラス・クエスチョン」と呼ばれる問いかけ**で、相手を精神的に追い詰めるからです。

部下がしたことは自分の責任だととらえて、解決と改善を導き出すコミュニケーションを心がければ信頼を得られるようになります。

IIKAE 33 ZUKAN

×よけいなひと言

まだ何もできない新人なのに、わがままなんじゃないの？

←

◎好かれるひと言

要望を通すためには、今の業務で成果を出せるように取り組んで

「要望は責務をまっとうしてから」という意識を部下に持たせよう。

新入社員や転職組の人が、「こんな仕事をやるつもりで入ってきたわけじゃないので」「査定を上げてもらえませんか」と、仕事に関する不満や要求を口にするケースをよく耳にするようになりました。部下にそういうことを言われたらどうすればいいでしょうか。

「まだ何もできない新人なのにわがままなんじゃないの?」と思っても、そのまま伝えれば角が立ちます。「まだ入ったばかりなのに何を言ってるんだ?」と、あきれることもあるかもしれません。しかし、**一方的に否定されるとやる気を削いでしまう**ことにつながることも。最悪、いきなり退職してしまう人もいます。

そんな部下に、仕事に前向きに取り組んでもらうためには、相手の意向を受けとめた上で、未来に向けた話をしましょう。**「要望を通すためには、今の業務で成果を出せるよう取り組んで」**と現実に目を向けるようにうながしたいですね。

産業カウンセラーの立場では、「業務をまっとうしない人が権利だけを主張しても、認める必要はない」と人事担当者に指導しています。たとえば、「就業規則に載っていない」と言い訳して遅刻の常習犯になるとか、理由なく業務を滞らせる部下には、注意しても問題ありません。「今の業務に真摯《しんし》に取り組んでこそ、要望や権利を主張できる」という意識を部下に持たせることも、上司の役目です。

✕ よけいなひと言

読めばわかるよね？
何度言ったらわかるの？

←

◎ 好かれるひと言

この資料の○ページを、
必ず確認してください

「部下を育てる」のが上司の役目。
威圧的態度で追い詰めても、人は育たない。

パワハラで訴えられやすい上司は、部下に「威圧的な態度」をとる傾向があります。そういうタイプの人がよく口にする言葉は、「読めばわかるよね？」「何度言ったらわかるの？」「いい加減にして」「つべこべ言わずにやって」「だから言ったのに」などなど。どれも別の言葉に言いかえれば、圧力をかけずに伝えられます。

たとえば、説明書や資料、連絡内容をよく読まない部下には、**「この資料の○ページを必ず確認してください」**と行動をうながす言葉に言いかえること。「いい加減にして」と相手を責めるのではなく「これ以上、同じミスが続くと困ります」と、率直な状況を伝えても問題ありません。感情をあらわにするのではなく、事実を明確にし、改善方法を共有することが大切なのです。

「つべこべ言わずにやって」「だから言ったのに」は、一方的に相手を責めて圧力をかけているのでハラスメントになりかねません。カウンセリングの現場でもよく聞く言葉です。前者は**「まずはやってみて、わからないことは聞いてください」**。後者は**「事前に進捗状況を確認させてください」**と言いかえましょう。

「人を育てる」のが上司の仕事。仕事がうまく進められない部下に対して、感情をぶつければぶつけるほど、険悪なムードになって事態は悪化するだけです。

IIKAE 35 ZUKAN

× よけいなひと言

意外とよくできたね

←

◎ 好かれるひと言

あなたならできると思っていたよ

嫌みなほめ方はしないこと。
本人にフォーカスした「プラス言葉」で部下のやる気も上がる。

否定や非難する言葉とは違い、部下をほめたり励ましたりする言葉ならどんな表現でもいいかというと、そういうわけではありません。

ふだん、自分のなかでは高く評価していなかった部下が、いつもよりいい成果を出した場合など、うっかり「意外とよくできたね」「思ったよりもよかったね」などと、よけいなひと言を付け足して嫌みな言い方をしないように、気をつける必要があります。

自分はほめているつもりでも、相手は、自分のふだんの評価の低さからくる言葉の意味を敏感にキャッチして傷つきます。また、「良い・悪い」は相手を評価する言葉の代表。相手の言動の良し悪しを一方的に判断している、上から目線のネガティブなイメージを与えます。

このケースは、**「〇〇さんならできると思っていたよ」「いい結果で、私もうれしい」**と、プラス言葉で率直な気持ちを伝えることで相手のやる気が高まります。

反対に、部下の仕事が残念な結果に終わったときは、どんな声かけをすればいいでしょうか？　「がっかりした」「きみに期待したのが間違いだった」などと傷口に塩をぬるようなことはせず、**「今回の結果をふまえて、次につながる方法を考えよう」**と、未来に向けての声かけを意識してください。失敗によって人は成長していきますから、思わぬ結果が出ても相手を責めないようにしたいですね。

よけいなひと言

もっとできるヤツだと
思っていたのに

好かれるひと言

あなたならできると思うから、
どうすればいいか考えよう

上からでも下からでもなく「相手の目線」に立って、
ポジティブな方向へ導いて。

人は、他人に期待すればするほど、期待外れのことをされたときのショックが大きくなります。さらに、裏切られた気分にもなってしまうもの。「期待」と「裏切り」は表裏一体ですから、上下関係にこの感情を持ち込むのはとても危険です。

たとえば、あなたが抱いている期待値が10だったとしましょう。部下はどんなにがんばっても5しか結果を出せなかったとします。すると、「もっとできるヤツだと思っていたのに」「期待したほどじゃないね」とマイナス評価しかできません。

逆に、期待値が3しかなく、結果が5だった場合はどうでしょうか？ それでも、もともと評価が低いので「やればできるじゃん」などと、嫌みな言葉を口にしてしまいがちです。

問題を解決するためには、上からでも下からでもなく、あくまでも〝相手の目線〟に立って、そこからポジティブな方向へ導くこと。**「あなたならできると思うから、どうすればいいか考えよう」**とうながすとよいでしょう。

本心なら別ですが、相手を傷つけないように気を遣って**「失敗なんて、気にしなくていい」と無理にかばう必要はありません**。

やるべきことができなかった事実は事実として、本人に認識してもらったうえで、次にどうすればいいか考えて行動するように導いてあげてください。

× よけいなひと言

きみのために言うけど、いま仕事を覚えないとあとで困るよ

←

◎ 好かれるひと言

仕事を早く覚えてほしいんだけど、どういうプロセスを考えている？

「期待」は裏切りに、「裏切り」は攻撃や脅しに変わりやすい。
まず相手に考えさせて。

自分の部下に、早く仕事を覚えてもらいたいと思うのは当然のこと。けれども、それは上司であるあなたの希望です。「きみに期待しているから」「あなたのためだから」といった前置きは、自己満足のために相手をコントロールしようとする言葉です。

さらに、前項でも述べたように、「期待」は「裏切り」に変わりやすく、裏切りは「攻撃」に変わります。「きみに期待しているから言うけど、仕事は早く覚えたほうがいいよ」「いま仕事を覚えないとあとで困るよ」と脅してしまうのは、自分が困るから。つまり自分の問題を、相手の問題にすり替えているのです。

ただし、「これ早く覚えますね！」と張り切っている部下に対して、「期待してるよ」と応援の意味で使う「期待」の言葉は問題ありません。さらに、**「仕事を早く覚えるために、どういうプロセスを考えているか教えてくれる？」**と聞けば、相手も現状に向きあって、分析して次に何をすればいいか考えます。必要があれば相談もしてくるでしょう。そのとき、「何やるかわかってる？」「大丈夫？」「できる？」と、相手を試すような聞き方はNG。信頼していないことがバレバレなので気をつけてください。

「わからないことがあればすぐに相談してほしい」と、フォロー態勢があることを伝えると、部下は安心して仕事に取り組めます。

✕ よけいなひと言

これくらいわからないの？

←

◎ 好かれるひと言

この仕事を今週中に覚えてほしい。
どうすればできそうですか？

「本人はどうしたいか」話し合って。
イメージトレーニングできるＯＪＴも効果的。

いくら仕事を教えても、なかなか覚えてくれない部下に対して、「何回言えばいいの？」「前にも言ったよね？」と言いたくなるかもしれません。「これくらいわからないの？　あなたはダメだね」と相手を見下す人もいますが、「人格否定」はパワハラにつながります。

口で説明しても理解できない人には、やり方を紙に書くなど「見える化」するとわかりやすくなります。その内容が理解できるか確認した上で、**「この仕事を今週中に覚えてほしい」**と期限も決めて指示しましょう。

では、どうしても苦手な仕事があって、指示したことができない部下にはどう対処すればいいでしょうか。「あなたに任せた私が悪かった」と自分のせいにするのは、相手に能力がないと決めつけるあきらめの言葉なので相手を傷つけます。

最善策は、**「どうすればできそうですか？」「今の仕事はつらそうだから別の仕事をやってみますか？」**と、本人がどうしたいか話し合ってみること。あるいは、本人任せにせず、ＯＪＴ（オン・ザ・ジョブトレーニング）で仕事を覚えてもらうのも効果的です。**「ベテランの〇〇さんについて勉強するといいですよ」**と見本を見せてあげると、何をすればいいかイメージしやすくなります。どちらにしても、部下が問題を一人で抱え込んでしまうと自信をなくす一方ですから、早め早めにサポートしてあげてください。

IIKAE 39 ZUKAN

× よけいなひと言

反省してもらわないと困るんだけど

←

◎ 好かれるひと言

今後こういうミスが起きないように話し合いましょう

自分のミスを反省しない人はいない。
相互理解をうながす声かけを。

部下がミスや失敗をしたら、関係者にお詫びをしたり、やり直しの指示を出したりといった対応も含めて、上司が責任を取らなければならない場面は多いものです。

「なんで自分が部下の尻拭いをしなきゃいけないんだ」と思う人もいるかもしれません。しかも、当の本人に反省の色が見えなければ、「人に迷惑をかけているのに平気な顔して」と頭にきてしまうでしょう。そんなときに思い出してほしいのが、**「過去のネガティブな出来事を蒸し返す言葉は、すべてよけいなひと言」**というコミュニケーションの基本原則です。

ミスや失敗をして、真っ先に反省しているのは本人です。見た目はそう感じられなくても、本人が一番わかっているはずです。周りがその痛みに追い撃ちをかけると精神的につらくなり、ますますミスが増える人もいます。失敗を責めた上司がそばに来ただけで緊張する、具合が悪くなる、という人もいるほどです。

そのような悪循環を招かないためには、「今後こういうミスが起きないようにどうするか話し合いましょう」と、相互理解をうながす声かけをしてください。それだけでは学習しないかもしれないと不安に思う場合は、**「次から同じ失敗を繰り返さないための対策を考えて提案してください」と指示する**といいでしょう。ただ「考えて」というだけでなく、具体策の共有をはかることを意識して。

IIKAE 40 ZUKAN

✕ よけいなひと言

ダメなものはダメ

←

◎ 好かれるひと言

実現するための手段や方法を検討しますね

部下からの相談は「全否定」しない。
難しい場合は「理由」を説明すること。

「今やっている仕事と違う仕事をやりたい」「自宅でリモートワークしたい」「長期休暇をとりたい」など、部下から「想定外の要望」があったとき。「それは無理」「ダメなものはダメ」とすぐ全否定してしまうか、検討して協力的な姿勢を見せるかで、信頼関係も変わってきます。

断るのは簡単ですし、上司にはその権限があります。「今まで通りやってもらわないと困る」「そんなことは無理な話だ」とすぐに切り捨てることもできるでしょう。

しかし、部下の意見や要望に耳を傾けない上司の下では、息が詰まって働きにくいものです。組織のルールを守らない一方的なわがままなら別ですが、働き方や仕事内容について相談された場合は、無下に扱ってはいけません。

たとえば、家庭の事情で長期休暇がほしいと言われたら、**「実現するための手段や方法があるかどうか検討しますね」**と返せば、本人も迷惑をかけないためにどうすればいいか考えて、提案してくるかもしれません。リモートワークや時短勤務、希望職種の相談なども同じです。どうしても難しい場合は、**本人が納得できるように、その「理由」を説明してください**。

また、上司も人間なので、好き嫌いの感情によって判断が変わることもあります。部下を差別したりすることがないようにしましょう。同じ相談に対して、「なぜダメなのか」がわかる根拠を統一して示せば、他の部下から同じ相談を受けても平等性を保つことができます。

IIKAE 41 ZUKAN

×よけいなひと言

のんびりしていて
悩み事とかなさそうだよね

←

◎好かれるひと言

仕事の納期は守ってください

言いたいことは「はっきり」言わなければ、
のんびり屋さんには伝わらない。

いつものんびりしている楽天的な人、あなたの周りにいませんか？　そういう人の存在は、ピリピリしがちな職場を和やかにすることもありますが、他の人が忙しい状況であまりにも呑気でいられるとイラッとする人もいます。

「のんびりしていて悩み事とかなさそうだよね」「育ちがいい人は違うね」と言う人もいるかもしれません。その言葉の裏には、「仕事が遅い」「意欲的でない」という悪い意味が込められていることも。そういうときは、**「仕事の納期は守ってくださいね」**と、言いたいことをはっきり言わなければ本人には伝わりません。

私の知り合いにも、「グループラインで仕事の連絡をしているのに、1人だけ既読がつかない人がいて困っている」と悩まれている方がいました。その人が、のんびりしている性格なのかどうかわかりませんが、仕事に支障をきたす場合は**「返信は2日以内にお願いします」**と強く言わなければ変わらないでしょう。

実は私も以前、「大野さんは悩み事とかないですよね？」と言われてモヤモヤしたことがあります。これがもし、「悩み事があるにもかかわらず、いつも笑顔で明るいね」というポジティブな意味であれば、**「いつも笑顔でいいですね」**と言われたほうが素直にうれしいものです。悩み事がない人なんていませんよね。

IIKAE 42 ZUKAN

× よけいなひと言

常識的に考えると○○だよね？

←

◎ 好かれるひと言

私はこう考えています

「常識的に」は「私は」という意味。
自分の意見としてストレートに言いかえて。

「常識的には」「一般的には」「普通は」「世間は」「みんな」の5つは〝一般化〟と言われる言葉で、カウンセリングの場では使うことはありません。自分の意見に自信がないとき、「大多数の人が言っている」というニュアンスを強めて、相手を服従させようとする言いまわしだからです。「一般化」言葉はモラハラでも使われがちですが、じつは口癖になっている人が多いのです。

そこで私はよく、「一般化」言葉を主語にした文章を書いてもらって、そのあと主語をすべて「私」に変えるワークをしてもらいます。するとみなさん、「〝普通は〇〇〟〝常識的には〇〇〟と書いた意見は、自分の考えでもあるんだ」と気がついて、驚いたり、気まずい雰囲気が漂ったりすることも。たとえば「みんな勝手だ」は「私は勝手だ」ということでもあるのです。

もしあなたも、「常識的には」「普通は」といった「一般化」言葉を使いそうになったら、**主語を「私は」に置き換えて**みてください。自分と価値観が違う相手に自分の考えをわかってもらいたくて、「常識的に考えると〇〇だよね?」と言っても、「常識って何?」と思われるだけで納得してくれません。けれども**「私はこう考えています」**と言えば、あなたの意見として受け取ってくれます。

抽象的な「一般化」言葉ではぐらかすよりも、自分自身の考えだとはっきり伝えましょう。

IIKAE 43 ZUKAN

✕ よけいなひと言

私はもっと大変な仕事をしたことがあるよ

←

◎ 好かれるひと言

私が経験したことで、ヒントになりそうなことがあれば伝えますね

まずは部下の大変さを認めて受けとめて。
自分と比較したりせず、サポート役に。

部下が仕事に対して不満を言っている場合、それが事後であれば、がんばった努力をまずは認めてあげましょう。

「よくここまでがんばったね」「いろいろ大変だったよね」「よく対処できたね」とプロセスを評価して、ひと言くらいは「ご苦労様」と労《ねぎら》いの言葉をかけてあげてください。上司に不満を言えるほど部下が心を開いてくれているのは、いい関係性ができている証拠です。

しかし、見栄を張ったり隠したりせず弱音を吐いてくれた部下に対して、「僕はもっと大変な仕事をしたことがあるぞ」「他の人はもっとひどい目に遭ったことがあるよ」と、自分や他人と比較されたらどんな気持ちになるでしょうか？　おそらく「この人は何でもすぐ自分と比較して、他人の気持ちを理解しようとしない」と思われてしまうでしょう。

同じ仕事でも、大変と思うかどうかは人それぞれ。部下が大変だと言うのであれば、その気持ちをまずは受けとめてください。もしも部下が、ちょうど取り掛かっている最中の仕事が大変だと言っている場合は、**「今まで自分はこういう経験をしてきたから、何かヒントになることがあれば伝えますね」**といった声かけが適切です。

「自分がサポートできることがあれば、いつでもニーズに応える」という思いが部下に伝われば、安心して仕事に取り組んでくれるはずです。

IIKAE 44 ZUKAN

✕ よけいなひと言

あなたには10年早いよ

←

◎ 好かれるひと言

目標が高くていいね。
思いがかなうといいね

他人の夢や目標を否定しない。
「モチベーションアップ」につながる声かけを。

学生でも起業する人がめずらしくない今の時代。いつか自分も夢をかなえたいと、会社勤めをしながら野望を抱いている若い世代もいると思います。

では、そのような同僚や部下に対して、上司はどのような受け答えをすればいいでしょうか。「いつか起業したいと思っているんです」「年収10倍は稼げるようになりたいです」と夢や願望を語る人に対しては、**否定的な言葉を言わないようにしましょう**。

「10年早い」「きみには早い」「高望みし過ぎなんじゃない？」「まだまだ無理かな」と〝上から目線〟で言うと、本人のやる気をつぶすだけ。また、人の夢や目標を否定したり邪魔しようとしたりする人には、自分に自信がなく、権力やリーダーシップを示したい気持ちがあることも。人に負けたくなくて、相手をおとしめるようなことを言ってしまうのです。

一方、人の育て方が上手な人は、「前向きな発言」に対して、「前向きな言葉」を返します。まだ仕事を覚えたばかりの新人だとしても、**「目標が高くていいね」「思いがかなうといいね」「応援してるよ」**と、**モチベーションアップにつながる声かけをする**のです。これは自分に自信がある人の特徴で、他人の夢や目標をポジティブな言葉で応援することで、相手にも自信を持たせることが上手なのですね。そんな関係づくりができれば、部下の活躍にもつながり、将来的に心強いサポーターとなってくれることと思います。

IIKAE 45 ZUKAN

× よけいなひと言

最近の若い人の話は、
よくわからないないな

←

◎ 好かれるひと言

その話、興味があるので
教えてもらえますか？

「世代差別」をするとハラスメントになることも。
相手の世代も尊重して。

いつの時代も、世代間ギャップによる考え方、価値観、趣味や流行の違いはあります。「最近の若い人は」という前置きも、おそらく人類史上ずっと言われてきたことでしょう。こうした表現は、若い世代を非難したり否定したり、ネガティブな意味で使うことがほとんど。「自分の時代はこうだった」と話すだけならまだしも、**若い世代を見下す発言は確実に嫌われます**。「個」としての能力や個性を、世代を理由に切り捨てるのはあまりにも乱暴だと思いませんか？ まずは上司から、世代が違う部下に歩み寄る姿勢が大事なのです。

若い部下の話題についていけないなら、**「その話、教えてくれますか？」「いま流行っているアーティストって誰ですか？」「○○さんの周りでは、いま何が人気なんですか？」**と積極的に聞き役に回るのもいいでしょう。

世代間ギャップを問題視すると、相手にも自分の世代に対して悪いイメージを持たれてしまいます。「これだから平成生まれの人は」と若い世代をバカにする人もいますが、相手も「昭和の人は古くてついていけない」と思っている可能性大です。

「今の若い人は自由でいいよな」「昔は○○が当たり前だった」と世代差別するのもイエローカード。「世代が違うからきみにはわからないよね」「ゆとり世代って変わってるよね」といった発言も、**「年代パワハラ」**になりかねないので慎みましょう。

「デジタルネイティブ世代」とのコミュニケーションのコツ

「新人への対応の仕方がわからない」という不安の声をよく耳にするようになりました。アナログ世代との「世代間ギャップ」の悩みも増えています。職場の環境や仕事に慣れ、自主的に動いてもらうには、世代の特徴を理解して、それに合わせた指導や指示を実践する必要があります。そのためにも**「デジタルネイティブ世代」の苦手を理解する**ことが大切です。ここでは、おもな3つを挙げます。

まず、「**考えること、質問すること**」が苦手です。ネットですぐに回答を得ることを日常としてきた世代は、早く答えを確認したいという思いが強く、プロセスを端折りがちです。また、「質問することが苦手」という面もあります。

ある企業では、機器の前で立ち尽くしている新入社員に声をかけたら、「使い方がわからないので、検索していた」と言われ驚いたとの話もあります。私も面

談の中で、「質問ができない」と訴えるケースに出合うことは多くあります。

仕事を教えるときは、要所を押さえ、ヒントになるようなアドバイスをしながら並走し、「考える習慣」を身につけてもらうことが必要です。そして、自分で考え、わからなければ質問するというサイクルを構築することが大切です。

2つ目は、「**想定外**」です。若い世代は、何かを始めるときやどこかへ行くときなど、あらゆる場面で「情報を得てから動き始める」ため、想定外の事案を前にすると動きが止まってしまうことも。そのためイレギュラーな案件を振るときは、進め方やスケジュールを具体的に伝えて、臨機応変に対応してもらえるよう、「走りながら行動すること」もうながせるといいですね。

3つ目は、「**電話**」です。学生時代からSNSやメールなどのやり取りが主体で、電話の経験を積んでいません。文字ツールは好きなタイミングで言葉を選ぶことができますが、電話は瞬時に対応しなければならないため抵抗感が強いのです。社内のやり取りで電話に慣れてもらうなど、トレーニングの場が必要です。

第5章 同僚と話す

同僚や仕事仲間との人間関係でもっとも重視すべき点は、「調和」と「協調性」です。「多様性を大事に」と言われる時代ですが、日本の会社はまだまだ同調圧力が強いと、数多くの企業でカウンセリングを続けてきて痛感しています。

職場の人間関係の特徴は、自分より経験値が多いか少ないか、年上か年下か、先に入社したか後に入ったか、既婚か未婚かといった違いに敏感になりやすい点。ですから雑談をしていても、周りに合わせる協調性が求められます。

反対に、職場の和を乱すような言動をとる人は、嫌がらせや仲間外れにされるケースも。そうならないためには、自分はあなたたちとは違うという態度や気持ちを「匂わせない」。上から目線で「威圧しない」。調和や協調性を考えずに相手を「無視しない」。この3原則を守るとよいでしょう。お互いに配慮しながら、相互に意思を伝え合える環境が理想です。

多くの時間をともにする同僚は、切磋琢磨する〝一生の仲間〟にもなりえるのです。

はい！資料コピーしてあげたよ！
ありがとう！
今度何かおごってねー
ハハ…
後日
次の商談の資料まとめたよ
わ！ありがと！
じゃ今度おご
ううん
忙しいときはヘルプするので言ってくださいね
え〜〜！うれしい！
私も手伝うからね！

IIKAE 46 ZUKAN

× よけいなひと言

○○さんの資料もコピーしてあげたよ。今度何かおごってね

←

◎ 好かれるひと言

○○さんの資料もコピーしました。忙しいときはヘルプしますね

「恩着せがましい言い方」はありがた迷惑。
相手に気を遣わせない伝え方を。

同じ職場で働いていれば、会議室の片づけ、掃除、コピーとりなど、他の人がやっていることを手伝ってあげることもあるでしょう。しかし、うっかりよけいなひと言を口にしてしまうと、相手を不機嫌にさせてしまうことがあります。

たとえば「ついでに◯◯さんの資料もコピーしてあげたよ。今度何かおごってね」と言われたらどうでしょうか？「してあげた」という言い方と「何かおごってね」というおねだり。その恩着せがましい言葉に対し、ありがた迷惑と思ってしまいませんか？「貸しだから今度返して」といったニュアンスになり、「別に頼んでないから」と恨みを買ってしまうことも。

自分から善意で行ったことを、わざわざ言う必要はありません。もし報告すべきことがあっても、「◯◯さんの資料もついでにコピーしました。忙しいときはヘルプしますから言ってくださいね」と、相手に気を遣わせないようにさりげなく伝えましょう。特に、おせっかいを焼くのが好きな人や、自分のほうができると思っている〝上から目線〟の人は要注意。そういう人は、存在価値を認めてほしい承認欲求が強い傾向があるからです。

「手が回らないことがあれば遠慮せずに言ってくださいね」「いま時間があるんだけど何か手伝いましょうか？」と声をかければ、相手も「ありがたい」「うれしい」と素直に思えて、信頼関係が深まっていくものなのです。

× よけいなひと言

髪形変えた？
前のほうがよかったのに

←

◎ 好かれるひと言

髪形変えたんだね

「相手の容姿」を評価するのはタブー。
「変化に気づいたこと」だけ伝えて。

職場の異性の容姿についてコメントするときは、細心の注意が必要です。特に、「痩せた」「太った」という話題は、ハラスメントになりやすいので避けたほうがいいでしょう。

服装をほめたいなら、「今日もおしゃれだね」というふうに、いつもステキですよというニュアンスで伝える気遣いを。「今日はおしゃれだね」と言ってしまうと、「いつもはダメ」という意味に受け取られるからです。そう言われてショックで出社できなくなった女性もいました。

こんな話をすると、「異性の容姿については何も言えなくなる」と思うかもしれません。けれども、同僚が髪をバッサリ切ったり、印象がガラッと変わる服を着ていたりしたときなどに何もコメントしないのは、それはそれで無関心な態度で失礼な気になりますよね。「だれも私の変化に気づいてくれない」とガッカリする人もいるかもしれません。

そういう場合は、**「髪形変えたんだね」**というように、変化に気づいたことをまず伝えてください。印象が良ければ**「よく似合ってるね」**ともうひと言プラスするといいでしょう。

一方、避けたいのは、「前のほうがよかったのに」と比較したり、「そういう髪形、僕の好みなんだよね」と個人的な好き嫌いで判断したりすること。さらに**最悪なNGワードは、「彼氏でもできたの?」「恋人と別れたの?」といったプライベートに踏み込む言葉**。これはセクハラになりかねないので、たとえ宴会中に酔っているときでも口にしないようにしてください。

IIKAE 48 ZUKAN

✕ よけいなひと言

え？　○○さんもいたんだ

↓

◎ 好かれるひと言

○○さんも参加するんですね。うれしいです

苦手な人にはビジネスライクに。
職場の人間関係には極力、感情を持ち込まない。

会議、イベント、会食など、仕事関係者が複数参加する場で、意外な参加者に会ったときに、「え？　○○さんもいたんだ」「○○さんもこの会議のメンバーなんですね」という人がいます。この言葉の裏には、「（あなたが）この場にいるなんて意外」「まさか、あなたも呼ばれるとは思わなかった」というようないじわるなニュアンスを感じることもあり、相手をモヤモヤさせたり傷つけたりする可能性があります。

もし相手がちょっと苦手な人ならば、シンプルに「こんにちは」とだけ挨拶を交わしましょう。ビジネスライクに割りきったほうがお互いギクシャクしません。反対に、相手がいることをうれしく思ったのなら、**「○○さんも参加するんですね。うれしいです！」と、ポジティブな気持ちまで言葉にして伝える**といいでしょう。

仕事も仕事仲間も、基本的に「好き・嫌い」では選べないもの。とはいえ、誰でも相性はありますし、苦手なタイプもあるでしょうから、「感情のコントロール」をする必要があります。

私も企業の社員研修をする際は、仕事に感情を持ち込まないようアドバイスしています。たとえば、業務上で迷惑をかける人がいる場合は、「○○さんは遅刻が多いので業務に支障をきたします」というように、「事実」のみを伝えるようにします。性格の好き嫌いではなく、問題のある事実に対しての要求ならば、解決に向けた話し合いがしやすくなりますよ。

✕ よけいなひと言

普通においしいですね

←

◎ 好かれるひと言

とてもおいしいですね

「普通に」は“良くも悪くもない”という意味。
失礼にあたるので注意が必要。

会社勤めをしていると、同僚が出張先でおみやげを買ってきてくれることがあります。仕事の合間においしいお菓子をいただいて、ホッとひと息つけるとうれしいものですよね。

ところが最近、「普通においしい」「地味においしい」という言い回しをよく耳にするようになりました。「おいしい」という言葉に「普通に」をつけると、「可もなく不可もなく」「まあまあ」「ほどほど」というニュアンスが強まります。ほめているのか貶《けな》しているのかわからない、と思いませんか？

私も以前、お菓子を買って帰ったら家族に同じことを言われて、「普通においしいってどういう意味？」と聞いたら、「マズくはないってこと」と言われてガッカリ。買ってきてくれた人に対して「普通においしい」「地味においしい」と言うのは、失礼なことなのです。

本当に「おいしい」と思ったのであれば、**「とてもおいしいですね」「このスイーツの味、すごく好きです」**とプラス言葉で感想を伝えましょう。自分好みの味ではなかったけれど、何かひと言お礼を伝えたい場合は、**「おみやげありがとうございます」**と言えばいいのです。

おみやげに限らず、相手がしてくれたことやもらったものに対して「普通に楽しかった」「地味にかわいいね」などと言うのも同じこと。「悪くはないけど満足はしていない」という意味に受け取られます。流行り言葉だからといって安易に使わないようにしたいですね。

IIKAE 50 ZUKAN

✕ よけいなひと言

あのお店も、味が落ちたよね

←

◎ 好かれるひと言

あのお店、印象が変わりましたね

何でもネガティブに評価する「否定言葉」は、
相手に不快感を与えるだけ。

グルメ好きな人と情報交換することは、職場でもよくありますよね。たとえば、接待で使えそうなお店のことを話しているとき、レストランの悪口ばかり言っている人に対しては、あまりいい気持ちはしないものです。たとえば、「あのミシュランのフレンチも味が落ちたよね」と言われたら、「接待でしか行ったことがないくせにエラそうに」と思う人もいるでしょう。

一方、**「あのお店、久しぶりに行ったのだけど、ちょっと印象が変わりましたね」**と言われたらどうでしょうか。「私もそういう話、聞きました」と会話が続くかもしれませんし、**自分から悪口を言わない、悪い噂を吹聴しない人という信頼**を得ることもできるでしょう。

似たようなよけいなひと言に、「あのお店はもう飽きた」「この年で牛丼屋とか行けないよね」「出張先でそんな安いビジネスホテルに泊まったらヤバいよ」といった〝上から目線〟の否定言葉があります。こういうタイプは、何でもネガティブな評価をして、自分は高級志向の人間なのだという自己演出をしているのです。自信のない自分の優位性を保とうとしているわけですね。当然、印象は悪くなってしまいます。

「あそこの牛丼は安くて、いつ食べてもおいしい！」と何でもポジティブに考える人のほうが、一緒にいて楽しいものです。もしどうしても、マイナスポイントを伝えたいのなら、**「あのお店のここが変わるとうれしいよね」**という言い方であれば問題ないでしょう。

IIKAE 51 ZUKAN

×よけいなひと言

〇〇部長って、性格悪いよね

←

◎好かれるひと言

〇〇部長は、私とは合わないように感じるんだよね

「悪口」ではなく「気持ち」を伝えて。
友人や家族に聞いてもらうとスッキリ。

職場の人間関係に恵まれている人は幸せですが、たいていの人は苦手な人の1人や2人はいるものです。ときには悪口を言いたくなることもあるかもしれません。

何か嫌なことがあって、「○○部長って、性格悪いよね」といったセリフに同調してくれる人がいたら、その場は盛り上がるかもしれません。けれども、悪口が増えるほどモチベーションは下がって、仕事の生産性も下がるでしょう。また、悪口はどこで誰の耳に入るかわかりませんから、自分が不利益をこうむる可能性も。

リスクを避けるためには、やはり「悪口は言わない」に越したことはありません。

それでも誰かに職場の人の不満を聞いてほしいときは、**「○○部長に言われたことで傷ついたんだよね」「私とは合わないように感じる」**と、経験したことや気持ちを伝えましょう。そうすると、相手も気持ちを受けとめやすくなります。

ただ、**人の悪口を不快に思う人がいる**のも事実です。「同僚から、上司の悪口をずっと聞かされてつらい」と相談を受けることもあります。

もし苦手な人がいたら、「まったく関係ない人」に聞いてもらうのもひとつの手。家族や友人に吐き出せれば、濁ったコップの水が空になるようにスッキリします。聞いてもらうことで冷静になれますし、ときには自分の見方に原因があると気づくこともあるのです。

IIKAE 52 ZUKAN

×よけいなひと言

自分でお弁当を作るなんて、
見た目と違うね

←

◎好かれるひと言

手作りのお弁当、いいですね。
私も見習いたいです

イメージと違う「ギャップ言葉」に傷つく人も。
「プラス言葉」を心がけて。

相手に、見た目のイメージと違うところがあったとき、「意外」「そんなふうに見えない」と言ってしまったことはないでしょうか？　こうした言葉は「ギャップ言葉」と言われ、ネガティブな意味で使いがち。うっかり口にしないよう注意が必要です。

よくあるのは、見た目が派手で生活感がない人などに、「料理とかするんだ。意外」「自分でお弁当作るなんて見た目と違うね」と言ってしまうケース。

言われたほうは、「料理しない人に見られているんだ」とガッカリするかもしれません。相手の行動に感心したのであれば、**「お料理もされるんですね」「手作りのお弁当いいですね。私も見習いたいです」**と、よけいなことは言わずにストレートに伝えましょう。

似たような言葉に、「結婚しているようには見えない」「そういう服も着るんだ」「お酒飲めないなんて見た目と違うね」などがありますが、どれも相手をモヤモヤさせます。なぜならどんな人にも、「自分はこう見られたい」という無意識のイメージがあるからです。そのイメージと違う見られ方をされると、悲しくなったり不機嫌になったりする人もいるでしょう。

ささいな言葉で傷つく人は多いものです。知らなかった一面について、良い印象を伝えたいのなら、**「すごいですね」「その趣味いいですね」とプラス言葉を**。自分の勝手な思い込みで相手に評価的態度をとると、思わぬトラブルを招くこともあるのです。

IIKAE 53 ZUKAN

× よけいなひと言

痩せたらきれいだよね

←

◎ 好かれるひと言

もっとステキになるね！

現状否定しない「ポジティブな返事」を。
相手の外見的なことを詮索するのも控えて。

同僚との会話で、ダイエットの話が話題になることもあるかもしれません。「痩《や》せたい」と言う人に対し、「痩せたらきれいになるよね」と返す人がいますが、これは失礼です。なぜなら「（痩せてない）今はきれいじゃない」と言っているようなものだから。

相手の気に障らないコメントは、**「もっとステキになるね」「私も痩せたいから一緒にがんばろう」**と、現状を肯定する言葉です。ただ、基本的には**外見のことは話題にしない**ほうがベターです。

他によくある同性同士の会話は、「高そうなその洋服はどこで買ってるの？」「その髪形いいね。私には真似できないけど」と詮索したり、自分と比較したりするケース。これは嫉妬や嫌がらせに聞こえてしまいます。

「それいくらだったの？」と値段を聞くのも失礼なこと。こういう場合は、**「その服（髪形）すごくステキですね。○○さんに似合ってますね」**とポジティブな感想だけ伝えましょう。

それに対して相手が、「この服、○○のセールで売っていたんです」「私が通っているヘアサロン、紹介しましょうか？」と応じてくれたら「ラッキー！」と思えばいいのです。すると会話がますます弾みますよね。

同僚との関係が良好だと、仕事もうまく進むでしょう。

× よけいなひと言

そういうファッションが
好きなんだね

←

◎ 好かれるひと言

ステキなファッションですね

「そういう」は誤解を招きやすい。
「良し悪し」で評価するのも上から目線。

相手の服装や持ち物のことについて触れたいとき、会話のなかで「そういうファッションが好きなんだね」と言う人がいます。この言葉で引っかかるのは「そういう」がどういう意味なのか、わからない点です。

私の知人は、ゆったりとしたカジュアルなワンピースを着て出社したとき、「そういう服が好きなんですね」と突然言われて、「ダサいと思われたのかな?」「太ったと思われた?」「職場にふさわしくないのかな?」と気まずい思いをしたと話していました。

もしも、「おしゃれ」「カッコいい」といったプラスの意味であれば、**「ステキなファッションですね」「憧れます」**と、**好印象であることがはっきりわかる言葉で伝えましょう**。マイナスの印象ならば、わざわざ相手に伝える必要はありません。

服装に限らず趣味の話でも言えることですが、**「そういう」「そんな」といった指示語**は、少しバカにしているようなニュアンスにとられて誤解を招くことも。

また、「そのバッグはいいですね」「その時計はいいですね」と相手の服装や持ち物を「単なる良し悪し」で評価するのも、上から目線の「評価的態度」。自分と比較したり、自慢したい気持ちがあるととくに口にしがちなので、要注意です。

ほめるときは、照れずに堂々と。そのほうが〝よいスパイラル〟を生みますよ。

×よけいなひと言

仕事ばかりして大丈夫？
婚期を逃さないようにね

←

◎好かれるひと言

成果を出すためにがんばっている
○○さんを尊敬します

負け惜しみに聞こえる言葉は嫌われるだけ。
人の成果は素直に認めてほめて。

結婚や子育てしている人が、独身の後輩に対して、先輩風を吹かせるような発言をすることがあります。「そんなに仕事ばかりしていて大丈夫？　婚期を逃さないようにね」といった言葉で、相手を傷つけてしまうのです。

こうした話題は、ハラスメントに抵触することもあり、最近はさすがに気をつける人も多くなってきましたが、職場内では、今なお話題にされがちです。「30歳を過ぎるとモテなくなるよ」「女は出産年齢にタイムリミットがあるからね」などと言われたら、だれだってムッとしますよね。よけいなお世話、価値観の押し付けです。

仕事ができる人に対して、「仕事よりも大事なことがあるんじゃないの？」という意味のことを話す人には、明らかに嫉妬、妬み、負け惜しみの気持ちがあります。つまり、アドバイスをよそおった嫌みを言えば言うほど、嫌われるのです。

一方、**純粋に同僚や部下のがんばりをすごいと認めて、ほめたい、見習いたいと思える人の**言葉は謙虚です。**「そんなにすごい成果を出せるほど、仕事をがんばっている〇〇さんを尊敬します」**と、仕事ぶりに対する気持ちを素直に伝えることができます。

そうすると言われた相手もうれしいですし、「この人とだったら一緒に仕事したい」と思いますよね。自分が言われて、やる気がなくなるような発言は他人にもしないことです。

✕ よけいなひと言

恋愛はもういいから、
早く結婚したいです

←

◎ 好かれるひと言

早く結婚したいです

「恋愛はもういい」とモテ自慢するより、
素直に結婚願望を伝えたほうが好印象。

さまざまな会社で産業カウンセラーとして話を聞いていると、職場の女性同士の雑談には、婚活や恋愛の話題がよくのぼるようです。

そのときに注意してほしいのは、**モテ自慢を匂わせるような話をしない**こと。「恋愛はもうたくさんだから結婚したい」「既婚者にはモテるの」「プロポーズされたことはあるけど断った」「タイプじゃない人にばかり言い寄られる」といったセリフは、いわゆるモテ自慢。言葉の裏には「結婚はしてないけど私モテるの」というメッセージがこめられています。

相手が応援したくなる共感度が高い言い方は、「早く結婚したいです」と、願望を素直に打ち明けることです。続けて**「誰かいい人がいたら、紹介してもらえるとうれしいです」**と付け加えれば、「夫の友人でいい人がいないか聞いてみるね」と、前向きな返事をしたくなるもの。

結婚は、するもしないも本人の自由ですから、周りがとやかく言うことではありません。ただ、周りの人を見ていますと、素直に「結婚したい」宣言をしたことで、良縁に恵まれた方もたくさんいます。

婚活や結婚のことでも、もちろん仕事でも、**「前向きにがんばっている人」**は、周りが応援したくなるものです。自分の気持ちを正直に周りに伝えて、いいご縁やチャンスをいただけるように前向きにアクションを起こしたほうが、結果的にうまくいくのです。

IIKAE 57 ZUKAN

× よけいなひと言

私は子育てが大変でおしゃれする余裕がなくて

←

◎ 好かれるひと言

いつもおしゃれですね

相手と自分を比較しない。
既婚か未婚か、子どものありなしは問題ではない。

職場にはさまざまな人がいます。仕事と子育てに追われ、自分のことを後回しにしている時期に、おしゃれできれいな同僚と話していると、ひがみっぽい言葉をポロッと口にしてしまうこともあるかもしれません。「○○さんはいつもおしゃれですね。私は今子育てが大変で、おしゃれする余裕なんてなくて」と、何かにつけて子育ての大変さを言い訳にしてしまうのです。

そう言われると、「子どもがいないあなたのように暇じゃないのよ」と、嫌みのように聞こえてしまうことも。「大変、大変と言いながら、子どもがいることを自慢しているの？」と勘ぐってしまう人もいるかもしれません。

もっと余裕がほしくておしゃれもしたいと素直に思っているなら、子育てを引き合いに出す必要はありません。**「いつもおしゃれですね」**と心情をそのまま伝えるだけでいいのです。「私なんて小汚い格好しかできなくて」などと卑下する必要もなく、**「時間ができたら、おしゃれをしたい。アドバイスしてもらえますか？」**と前向きに話ができるといいですね。

人との比較は、「自分が負けている」と思う、自信のなさからくることがほとんど。比較をするほうもされるほうも、ネガティブな気分にしかならないのです。既婚か未婚か、子どもがいるかいないかを、とりたてて言う必要はありません。ナーバスになりやすい話題なのでマウンティングにならないように気をつけて。

IIKAE 58 ZUKAN

よけいなひと言

うちのダンナはなんでもやってくれるの

↓

好かれるひと言

夫が家事をしてくれるまで3年かかりました

職場で「のろけ話」をするなら、
そこまでがんばってきた「苦労話」とセットで。

パートナーの愚痴や不満を言う人は多いですが、「うちの人なんでもやってくれるから」「ダンナがよく料理つくってくれるのよ」とのろけ話をする人もいますよね。本人は悪気がなく、協力的な彼や夫のことを話しているつもりかもしれません。

しかし、パートナーとうまくいっていない人もいれば、1人の生活を楽しんでいる人もいます。そういう人が、お愛想でのろけ話に「やさしいダンナさんでいいですね」などと返すと、「あなたもやってもらいなさいよ」「早く結婚したほうがいいわよ」とさらによけいなことを言う人も。「彼に欲しかったバッグを買ってもらった」「ダンナに車で送ってもらった」といった幸せ自慢も、優越感を味わうマウンティングに聞こえてしまうかもしれません。

一方、同じのろけ話でも、「今まで苦労したうえでの結果」だとわかれば、受け取り方もガラッと変わります。**「夫が家事をしてくれるまで3年かかりました」「料理が全然ダメな人だったから料理教室に通ってもらったんですよ」「共働きでがんばってきて、ようやくバッグのひとつも買ってもらえるようになりました」**。そんな苦労話を聞かされると、「それはよかったですね」と思えるもの。

どんな人も、幸せになるために努力してきた過程があるはずですから、その話とセットで話せば、ただの自慢話だと思われることは避けられるでしょう。

IIKAE 59 ZUKAN

×よけいなひと言

車くらい、買えばいいのに

◎好かれるひと言

私は車がないと不便なので

自分の「当たり前」を人に押しつけないで。
自分は自分、他人は他人。

当たり前のように車を持っていたり、家を購入していたりする人のなかには、**他人にも「それが当たり前」という価値観を押しつける人**がいます。車や家の購入に興味がない人にとって、こういう人からお説教をされることは迷惑でしかありません。

「車くらい買えばいいのに」「家は買ったほうが絶対に得だから」「いつまで賃貸に住むつもりなの?」などと、今まで誰かに言った覚えがある人、いませんか?

今は昔と時代が違います。車や家を買うことが幸せの条件だと思うようなかつての価値観は、変わってきているのです。私の知人の30代の男性もまさにそうで、先日久しぶりに会ったら「いい年なんだから車くらい買えば、ってまた職場の人に言われた」と、うんざりした顔で苦笑いしていました。

「私は車がないと不便なので」「自分はこういう考えで家を買いました」と、自分の価値観を相手に伝えることは問題ありません。そのときわざわざ、**相手に強要する必要はない**のです。

また、地方と都会暮らしの人にも、持ち家や車を持つことに対する考えの違いがあります。交通機関が発達している都会では、車の必要性を感じない人も少なくありません。また、独身はもちろん、家族がいても賃貸主義の人はいます。そうしたさまざまな事情をみんな抱えていると思えば、高い買い物を押しつけるような発言はできなくなるはずです。

IIKAE 60 ZUKAN

✕ よけいなひと言

その話、まだ続く？

←

◎ 好かれるひと言

今の話はこういうことだよね。
私も話していいかな？

相手の話をバッサリ切らない。
いったん「要約」すれば、話題を変えやすくなる。

話が長い人には、自分のほうを向いてほしい「自己顕示欲」と、かまってほしいと思う「甘え」が強い傾向があります。職場で話が長い人につかまってしまうと逃げるわけにもいかず、しびれを切らして「その話、まだ続く？」と言ってしまう人も。なかにはもっとストレートに、「私、いま急いでるから」とバッサリ切って逃げる人もいます。

複数で話していると、さりげなく席を外すこともできますが、1対1のときは言いづらいですよね。興味ない話を延々と聞かされる苦痛は、私もよくわかります。

けれども、相手を傷つける言い方で拒絶をしてしまうと、その後の関係が悪くなります。本人に悪気はないので、長い話から穏便にフェードアウトすると後腐れがありません。

そのためには**「今の話はこういうことだよね。私もちょっと話していいかな……」**と、いったん相手の話を要約してから、話題を変えるといいでしょう。「要約」はカウンセリングの傾聴技法のひとつです。要約によって、相手の話を受けとめたことをわかってもらえると、次の話題に移りやすくなります。

会議の場で、いつも話が長くなる人がいる場合は、**「1人何分で」と話す時間を区切る**といいでしょう。オーバーしたら「時間です」と知らせると効率的。ストップウォッチのアプリを使うとベルやチャイムを鳴らすこともできるので、「時間終了」をお知らせできて便利ですよ。

IIKAE 61 ZUKAN

× よけいなひと言

天然だよね

◎ 好かれるひと言

自然体なところがステキですね

「天然」と言われるとバカにされている気分に。
「自然体」に言いかえを。

性格や価値観は人それぞれ。当然、仕事の進め方も、会話の仕方も、物事の考え方も、人の数だけバリエーションがあります。それをプラスと見るか、マイナスと見るかで、言葉のかけ方も変わってきます。

たとえばあなたは、いつものんびりしていて周りを気にしない、マイペースな人のことをどう思うでしょうか？　「いつも落ち着いていて自然体だな」とプラスの印象を持っていれば、**「○○さんって、自然体でステキですね」**と伝えることができると思います。

一方で、「○○さんって、天然ですよね」という言い方をする人もいます。「天然」という言葉には、「マイペースでおっちょこちょい、憎めない人」という意味が込められています。友人に親しみを込めて使う場合はいいのですが、職場でこう言われると、「うっかりミスをしたり忘れ物をしたり、空気が読めない人」などと、バカにされている気分になることも。

もしも職場の人が「ミスが多くて困る」「空気が読めずに顧客に失礼な言動をとる」など、業務に支障をきたす場合は、**「改善してほしい点」を具体的に伝えてください。**「天然」と思われるようなタイプはなおさら、自分の何が悪いのか自覚できていない可能性大。「こういう場合はこのように対処してください」と、実践的なアドバイスをしたほうがいいでしょう。マイペースな性格を単純にほめたいのであれば、「自然体」と言いかえたほうが誤解を生みません。

× よけいなひと言

細かいことを気にし過ぎだよ

←

◎ 好かれるひと言

そういうことが気になるんですね。繊細なんですね

自分の価値観でアドバイスしない。
いったん受けとめて、寄り添う言葉がけを。

2020年から国内でも新型コロナウィルスが感染拡大し、感染を怖がって神経質になるほど気にする人と、ほとんど気にしない人の意識の差が明らかになりました。目に見えない脅威にさらされている同じ状況下でも、感じ方やとらえ方は人によってそれぞれ違うということを、改めて痛感しました。

これは日常生活でもよくあること。同じ仕事をしていても、大変なストレスを感じる人と、楽しくできてしまう人がいるのです。そうした他人との考え方や価値観の違いを認めて、相手を尊重したうえで話を進めましょう。自分は気にならないささいなことで悩んでいる相手に、「細かいことを気にし過ぎだよ」と言うと、さらに相手を傷つけることになりかねません。

他者を理解するためには、まず「受容」することが大切です。「**そういうことが気になるんですね**」と相手の気持ちを受けとめてから、「**繊細なんですね**」「**私ができることはありますか**」と寄り添う言葉を伝えてください。

もしも本人が、明らかに業務に支障をきたすほど精神的に不安定な場合は、早めに専門機関への相談をうながすのがよいと思います。ただ「病院に行ったほうがいい」と言うだけでは、一方的な決めつけで名誉毀損《きそん》になる可能性がありますから、必ず「業務を遂行できる状態かどうか」を判断基準にしてください。

第6章 テレワーク・チャット

多くの仕事がオンライン中心の働き方に移行しつつある今、コミュニケーションのトラブルも変化しています。在宅ワークによる「テレワーク・ハラスメント」もそのひとつ。

ミーティング画面に映る相手の部屋の様子や服装について、「そんな部屋に住んでるんだね」「家ではそんな格好なんだ」「彼氏と住んでるの？」とセクハラまがいのことを言われて、驚いたり傷ついたりする人も増えています。そういったトラブルを回避するためには、「本人から話さない限り、プライベートに関する発言は慎むこと」です。

また、連絡用にチャットツールを導入している企業も増えているため、「時間に関係なく連絡がくる」「言いたいことが正しく伝わらない」「無茶振りされる」といった悩みを抱える相談も目立ちます。常時オンライン接続を要求されて、監視されているようだと訴える人もいるほど。テレワークは、公私の切り替えが難しいからこそ、相手のプライバシーを尊重する必要があると心得ましょう。

この資料なんですが
ガタ
あれ
あっ
あれーー？声が聞こえないんですけど
ん？誰かいるのか？
すみません…今、姉の子どもが
コラ～！
だー
ご家族のことで何かあれば遠慮なく言ってください
ありがとうございます
うっ～うっ
ヒョコッ
なんかかっこいい声がきこえたー
えっ？
オレのこと？
ワタシのこと？
うっ

IIKAE 63 ZUKAN

✕ よけいなひと言

声が聞こえないんですけど

↓

◎ 好かれるひと言

少し声が遠いようです

相手を「責める」言い方はしない。
不具合の状況を説明して伝えればOK。

オンラインミーティングでよくあるトラブルに、声が途切れる、聞こえない、雑音が入る、通信が遮断されるといった、音声や通信環境の不具合があります。そういう場合、相手に対して「声が聞こえませーん」「雑音が入って全然聞こえないよ」「おいおい、画面がフリーズしてて見えないよ」などと大声で言う人がいますが、失礼だと感じませんか？　相手が悪いような言い方をするのではなく、不具合に気づかせてあげればいいのです。

声が聞こえづらい場合は、**「少し声が遠いようです」**。雑音が入る場合は**「雑音が入って聞き取りづらいのでご確認いただけますか？」**。画面がフリーズした場合は**「画面がフリーズしたようです」**。このように状況を説明して、対処してもらいましょう。

共有画面が見づらい、チャットツールの使い方自体がわからないなど、音声や接続以外の不具合があるときも、話をしている人は緊張して焦っている場合が多いので、丁寧に伝えてください。「資料の文字が見えないんですけど」ではなく「資料の文字が小さいので、拡大していただけますか？」という具合です。操作に戸惑っているときは、「やり方はわかりますか？」と気遣う声かけも意識しましょう。

操作が苦手な人はパニックになりがちで、間違って会議を終了したり、自分が退出してしまったりするケースもあります。相手を慌てさせるような指摘は控えるように。

IIKAE 64 ZUKAN

× よけいなひと言

誰かいるんですか？

←

◎ 好かれるひと言

ご家族のことで何かあれば、遠慮なく言ってください

自宅での仕事環境は人それぞれ。
相手に気を遣わせない「配慮ある声かけ」を。

とくにお子さんがいる人は、在宅ワークで気を遣うことが多いと思います。オンラインミーティングのときも、子どもの様子が気になって話に集中できない人もいるかもしれません。そういう相手に対する気遣いは大事ですが、言い方を間違えるとかえって気を遣わせてしまうこともあります。

たとえば、「誰かいるんですか？」「お子さんが帰ってきたんですか？」と聞かれると、「子どもに邪魔されると困ると思われているのかな？」と、申し訳なく思って恐縮してしまう人も。

一方、「ご家族のことで何かあれば、遠慮なく言ってくださいね」と声をかけてもらえると、ホッとすると思います。何か困ったことがあっても、安心して相談できるでしょう。

もしも画面に相手のお子さんが映り込んだり、子どもが話しかけていたりする様子であれば、**「お子さんとご一緒でもかまいませんので」「こちらは気にせずご家族の方とお話しください」**と配慮することも必要です。**しばらく休憩をとってもいい**ですよね。

自宅は、会社と同じ環境ではありません。家庭の事情も仕事環境も人それぞれですから、「お互い様」の気持ちで理解ある対応を心がけましょう。とはいえ、業務遂行は必須ですので、環境が整わずミーティングの継続が難しい場合は、別の日時で再調整するなど、臨機応変に対処したいものです。

✕ よけいなひと言

電話に出なかったとき、
何してたの？

←

◎ 好かれるひと言

緊急の用件もあるので、折り返しは
10分以内にお願いできますか？

行動の詮索は「プライバシー侵害」になることも。
緊急時の連絡方法を決めておいて。

テレワークの相談でよくあるのは、「家にいるから仕事をしていないんじゃないか？」と疑われることで起こるトラブル。私自身も、「さっき電話に出なかったとき、何してたの？」と言われて、苦い思いをしたことがありました。在宅ワーク中、食事もしますしトイレにも行きます。9時から17時までずっとデスクに座っているわけではありません。

それでもサボっていると思われると、メンタル的に追い詰められる人もいます。ですから、「緊急の連絡がつかなかったときどうするか」あらかじめ決めておくことをおすすめします。**「緊急のことがあるので、折り返しは10分以内にお願いできますか？」**と互いにルールを相談しておくのもひとつ。**「夕方はお迎えがあって連絡ができないのですが、午前中はOKです」**というように事前に伝えておくのもいいでしょう。よいコミュニケーションの条件は、「過去ではなく未来に向けて、ポジティブな話を進めること」です。

また、電話に出なかった相手の行動の細かい詮索は、プライバシー侵害にもつながります。なかには、自宅の通信環境の不具合や、子どもがうるさくて仕事にならないなど、個別の困りごとがある方もいるかもしれません。子育てや介護をしている人には、**「連絡がとれない家庭の事情がある場合は、遠慮なく事前に相談してください」**と声をかけておいてもいいでしょう。疑ってばかりでは、人と人との信頼関係は築けません。

✕ よけいなひと言

他の仕事で、今ちょっと手が離せないんです

←

◎ 好かれるひと言

今対応できませんので、○時以降にご連絡いたします

「後回しにされた」と思われないように。
謙虚な返事を心がけて。

在宅ワークでは、仕事の優先順位を自分で決めて進めることが多いと思います。ところが連絡をしてくる相手は、「在宅だからいつでも対応可能」だと思っている場合があります。

たとえば会社の人からメールやチャットで、「ちょっと急ぎの用件を頼みたいんだけど」と連絡がきたとき。他の仕事を急いでいる途中だったら、何と返事をすればいいでしょうか？

「他の仕事で、今ちょっと手が離せないんです」と状況をそのまま伝えるだけでは、後回しにされた相手の不満が募ります。「じゃあ、いつだったらできるの？」と、詰め寄られる可能性もあるでしょう。

穏便に事を進めるためには、**「今対応できませんので、○時以降にご連絡いただけるとありがたいです」**とお願いしてみましょう。相手が取引先、上司、先輩の場合は、**「今対応できませんので、○時以降にこちらから連絡いたします。よろしいでしょうか？」**と、お伺いを立ててください。余裕をもって設定し、連絡すると申し出た時間に遅れないようにしましょう。

また、**「ちょっと」も相手をモヤモヤさせるNGワード**。「ちょっとって、どれくらい？」「ちょっとなら、こっちを優先してほしい」と思われることも。相手も、急いでいるときは余裕のない状況のはずですから、その気持ちを考慮したうえで、謙虚な言葉で対応することが望ましいです。

× よけいなひと言

〇〇の件は、後で改めて連絡いたします

←

◎ 好かれるひと言

〇〇の件は、明日10時までに連絡いたします

「後で」のような“あいまい表現”は使わない。
誤解が生じないよう「具体的」に伝えて。

テレワークに限らず、対面のコミュニケーションでもよく聞く悩みは、**「あいまい表現」**によるトラブルです。たとえば、ふだん私たちは、**「後で」「後ほど」「今日中に」**とよく言います。しかし、ビジネスでこの言葉を使うと、「それっていつ？」と相手は思います。特にメール等で24時間連絡が可能となればなおさらです。

「今日中に」と言っても、相手は「今日の夕方頃かな」と解釈して、こちらは「24時まで」のつもりだったり。すると、なかなか連絡がこない相手はイライラして、「いつになったら連絡もらえるんですか？」と確認するなど険悪な雰囲気になります。

同じオフィスにいれば、相手の様子をうかがって声をかけることもできるでしょう。けれども、テレワークはお互いの状況を知る情報が少ないので、誤解や勘違いが生じやすくなるのです。ですからこの場合は、「〇〇の件は明日10時までに連絡いたします」と、**日時を具体的に伝える**必要があります。

「後で」は、何日の何時までなのか。「今日中」は、「営業時間内の17時まで」なのか「24時まで」なのか。タイムリミットまではっきり伝えましょう。その習慣を身につけると、相手も安心できますし、自分もスケジュールを立てやすくなりますよね。

「あいまい」表現はトラブルの元と心得て、「具体的」なやりとりを意識してください。

✕ よけいなひと言

この仕事、やってもらえます？

←

◎ 好かれるひと言

この仕事をお願いしたいです。
もし難しい場合はご相談ください

指示をするときは、相手にプレッシャーを与えない
「依頼形」を心がけて。

対面と違って、顔が見えない相手に急な仕事を依頼するのは難しいもの。メールやチャットでいきなり「この仕事やってもらえます？」と単刀直入に言われるのと、直接会って「この仕事をお願いしたいんですけど……」と言われるのとでは、印象も変わりますよね。

口頭でお願いするときは、表情やしぐさや態度など、言葉を補う「ノンバーバルコミュニケーション」によって、気持ちを伝えることができます。そのぶん、相手も納得しやすくなるのです。一方、メールやチャットで伝える用件だけの言葉はビジネスライクで、一方的に押しつけられている感じが強まります。

もちろん、業務命令で仕事を指示しなければならないこともあるでしょう。それでも、有無を言わさず威圧的にお願いするのと、なんとかお願いしたいと相手の意思を尊重する気持ちを示すのとでは差があります。好ましいのは後者。「この仕事をお願いしたいです。もし難しい場合はご相談ください」と、**「命令」ではなく「依頼」の形で伝える**ようにしましょう。**「難しい場合は相談してください」と猶予を持たせる**と、検討しやすくなります。

もっとも避けるべき言い方は、できるかできないか、イエスかノーの返事を求める「クローズド・クエスチョン」。これは、相手を問い詰めているだけですから、特にメールやチャットでは避けたほうがトラブルを予防できます。

IIKAE 69 ZUKAN

× よけいなひと言

早くしてください

◎ 好かれるひと言

○○に間に合わせたいので、早急にお願いします

ただ急かすと仕事に支障をきたすことも。
「締め切り」を明確に伝えて。

ある会社で、社員の方のカウンセリングをしたとき、こんな声がありました。自分の作業の遅れに対してチャットで「早くして」と言われてパニックになったというのです。

もともと急ぎの仕事と言われていたため、プレッシャーを感じていたところに、矢継ぎ早に「どうなってる?」「早くして」と何度も連絡がきたとのこと。そのためさらに焦って、いつもならすぐにできる仕事にも手間取るなど、パフォーマンスが落ちて、大きなストレスを感じてしまったと言っていました。

依頼した側も、急かしたくなる理由があったのでしょう。ただ、このような場合は、**「17時からの会議に間に合わせたいので、早急にお願いします」**というように、締め切りを明確にする必要があります。また、「どうなってる?」は疑いのニュアンスがあるので、**「進捗状況をお知らせください」**と相手にお願いする聞き方を。

緊急の仕事を依頼する場合、締め切りの期日を明確にしなければ、こうしたトラブルが起きやすくなります。頼んだほうが、「これ急ぎでやって」と言えば最優先でやってくれるはずと思っていても、依頼されたほうは今やっている仕事が終わってから取りかかるつもりでいる、ということがよくあるからです。

仕事の優先順位は人によって違いますから、「スケジュール確認」を怠らないように。

✕ よけいなひと言

はーい、わかりました〜

←

◎ 好かれるひと言

承知しました

「馴れ馴れしい」やりとりは嫌悪感を与える。
仕事の連絡はビジネスライクに。

チャットやSNSを仕事の連絡ツールとして使う企業が増えはじめた頃から、「馴れ馴れしい言葉づかいをする人に腹が立つ」という声をよく聞くようになりました。事例はさまざまですが、もっとも多いのは**「はーい、わかりました〜」「了解でーす」と語尾を伸ばすケース**。

こうした返事をする人は、「親近感」を意識しているつもりかもしれません。しかし言われたほうは、仕事の連絡をしているわけですから、バカにされているとか、舐《な》められていると感じる人もいるのです。そこで、わざとより丁寧な返信をしても、同じ調子で軽いノリの返事がくるとよけいにイラっとする、という話も聞きます。

また、上司や先輩にスタンプで返事をして、「仕事でスタンプは使うな」と怒られたという方もいました。「まったく気にならない」という人もいると思いますが、仕事のやりとりに軽いノリのようなくだけた感覚は必要ないと私は考えています。どんな人にも平等に対応する姿勢が信頼を得られると思うからです。

とくにテレワークは公私の境界線があいまいになりがちですので、「仕事は仕事」と認識してビジネスライクなやりとりをしたほうが、地雷を踏みません。

なお、返事は、基本的には**「承知しました」「かしこまりました」**としましょう。ただ、上司から部下に対しては「了解です」でかまいません。

よけいなひと言

今日やった仕事は何？

好かれるひと言

始業時と終業時に、1日の予定と事後報告をお願いします

「報告・連絡・相談」の情報共有の習慣化を。
信頼関係の構築も大事。

前出の「電話に出なかったとき、何してたの？」と同じように、「在宅ワークで仕事をサボっているのでは？」と相手を疑う人は、何かと「詰問調」になりがちです。仕事内容を確認したいときも、いきなり「今日やった仕事は何？」という聞き方をすると、相手の気分を害します。

気分次第で仕事の状況を確認すること自体、情報共有する努力を怠っているとも言えるでしょう。日々の仕事の「報告・連絡・相談」のフローを確立することは、業務管理上必要です。

たとえば**業務開始と終了時間に、「今日の予定と事後報告の連絡をする」と決めておけば**、業務中に対応するわずらわしさはなくなります。

同じ仕事を30分で終わらせる人もいれば1時間かかる人もいますから、スケジュールを不定期かつ細かく報告してもらうことには意味がありません。何の仕事をどれだけ進めたか1日スパンで見たほうが、お互いの手間と時間も軽減できるでしょう。

テレワークでも問題なく業務遂行している会社と、トラブルが頻発する会社の違いは、社員同士がお互いを認め、信じて、任せられる「信頼関係」があるかないか。

信頼関係を築いている会社は、お互い責任を持って自主的に仕事を進める習慣が根づいているため、よけいなやりとりを省けています。逆にテレワークで問題山積の会社は、社員の信頼関係を構築するところから考えたほうがいいでしょう。

× よけいなひと言

それはよかったです

←

◎ 好かれるひと言

それは何よりでした

立場が上の人に「よい・悪い」は使わない。
「評価的態度」ではない表現を。

オンラインのやりとりでは、よかれと思って使った言葉で地雷を踏んでしまうことがあります。たとえば「よい」という表現はプラス言葉ですが、前にも触れたように、他人に対して使うと相手を「ジャッジ」する〝上から目線〟の言葉になりがちです。

「よかったです」という声かけを、上司や先輩、先生が、「下の立場の人」に使うぶんには問題ありません。しかし逆のケースで、「目上の方やお客様」に対して使うと、下の立場と見なされたことに相手が不快感を覚えるのです。

さらに、「よい・悪い」は、同僚に対して使うときも注意が必要です。立場が同等の人から自分がやったことを評価されると、「マウンティングされた」と思う人もいるからです。

ですから、お礼の連絡に対してプラス言葉で返事をしたいときは、相手が誰であれ**「それは何よりでした」「お役に立ててうれしいです」**という表現が適切です。「それはよかったです」というよりも、より丁寧な表現ですので、こういう言い方を自然に使えるとステキですね。

同じくよかれと思って使ってしまう結びの言葉に、「季節の変わり目、体調を崩さないようにお気をつけください」といった表現があります。しかし「崩す」というネガティブな言葉を使うと、相手の心配や不安が強まることも。この場合は**「季節の変わり目、お健やかにお過ごしになられますように」**と、ポジティブな表現を使ったほうが好印象です。

× よけいなひと言

フィックスが遅れたため、レスポンスをお待たせして申し訳ありません

←

◎ 好かれるひと言

決定が遅れたため、返事をお待たせして申し訳ありません

「カタカナの多用」がストレスになる人も。
早く正しく伝わる日本語で。

カタカナのビジネス用語を使いこなすと、「仕事ができる人」になった気分になると思っている人がいたら、それは大いなる誤解です。

「ミス」や「パターン」など万人に通じるカタカナ用語ならともかく、業界用語やトレンド語のカタカナを多用した文面は、正確な意味がすぐに理解できない人が多いため、不親切な印象を与えます。その業界の一部の人には通じるのかもしれませんが、**一般の人が理解できるか？ 自分勝手な言い方になっていないか？** 注意を払ったほうがいいでしょう。

たとえば次のようなメールを、あなたはすぐに理解できるでしょうか？「フィックスが遅れて、レスポンスをお待たせして申し訳ありません。追ってアジェンダを送付しますのでアサインをお願いします」。いかがでしょう？「なんのこと？」と思った方もいるのでは？ 言葉の雰囲気から、まったく別の意味に解釈されて、トラブルになることもあります。

「決定が遅れたため、返信をお待たせして申し訳ありません。追って計画表を送付しますので、担当決めをお願いします」と、すぐに理解できる言葉で伝えるようにしましょう。

知らない言葉があると、いちいち意味を調べなければいけないので、相手に面倒をかけます。

なかには、「ややこしい言葉を使わないでくれよ」とイラっとする人も。ビジネスメールでもっとも重要なことは、伝えたい内容が早く正確に相手に伝わることなのです。

働く人のためのアドバイス

3

ビジネスで利用するチャットツールで信頼を失わないために

働く場面でもSNSの利用が増え、メールよりもチャット（メッセンジャーなども含む）を活用する人が増えています。そこで「仕事における文字ツール」の注意点をお伝えします。トラブルを防ぐポイントは5つです。

①**【内容を簡略化しすぎない】**……SNSでは挨拶や定型文を省いてすぐ本題に入る人が多いのですが、失礼だと思われることもあります。

現場でよく耳にするのは、「せめて最初の挨拶ぐらいは入れてほしい」という声。朝一番だったら「おはようございます」、いつでも使える「お世話になります」など、導入にひと言入れる配慮を。

②**【代名詞を避ける】**……気軽だからといって「あれ、まだ？」といきなり聞かれても、複数の仕事を進めている人はすぐ理解できません。代名詞のやりとりは、

お互いが違う認識でもわかったつもりになりやすい危険なフレーズ。指示語の「こそあど言葉」はできるだけ避けて、用件は具体化するようにしましょう。

③【くだけすぎない表現を】……会話に近いツールでも、くだけすぎた表現はNG。「了解」を「りょ」と書いたり、お疲れさまを「おつ」と略されたりすると、一気にモチベーションが下がるという声も。ビジネスの相手として失礼がない言葉づかいを心がけましょう。

④【部署名入りで名前を告げる】……チャットやSNSではアイコンや写真が表示されますが、「○○部の大野です」と部署名や会社名とセットで名乗ってからコメントすると、わかりやすくスムーズにやりとりができます。

⑤【〝私〟主体で発信を】……意見や感想を述べる場合、「私はこう思う」と自分主体の発信を心がけて。自分の意見に自信がないとき、「みんなはこう言ってます」「普通はこう考えると思います」と一般化して正当性を訴えると、相手は反論しにくくなり、主体性のなさを不愉快に思う人もいます。

手軽だからこそ失言してしまうことが多いチャットツール。信頼を築くためには、ほんの少しの配慮や慎重さを心がけて利用したいものですね。

第7章　お客様と話す

私がマナー研修で訪れる現場では、マニュアルどおりに杓子定規に顧客に接して、トラブルになった話をよく聞きます。マナーにこだわり過ぎて臨機応変の個別対応ができない接客に対し、不満を感じる人が多いのです。

たとえば、「お客様の目を見て話しなさい」と教える方もいますが、じっと見つめられるのが嫌な人もいます。接客マニュアルの機械的な受け答えに、腹を立てる人もいますよね。

接客の基本となる礼儀は、「必要以上にへりくだること」ではなく、「相手を尊重する敬意を表すこと」です。また、接客で重視すべき点は、形にこだわる画一的なマナーよりも、お客様が求めているニーズに応える言葉がけです。そう意識してコミュニケーションをとると信頼関係が生まれ、信頼はお客様に安心感を与えます。

お客様が安心してサービスを利用したり、商品購入を楽しんだりするための、信頼関係を育むこと。接客において、マニュアルやマナーより大切なことは、心と心の関わりなのです。

RRRR
はい〇〇社です
□□社の△△と申しますが…
ズバッ
ご用件はなんでしょうか?
ええと…来週の打ち合わせの件で
ズババ
あ〜それはちょっとわかりません
代わります
いつもお世話になります、はい、ええ
物腰やわらか
かっけ〜!
よろしければ私がご用件を承ります

× よけいなひと言

こちらでよろしかったでしょうか？

←

◎ 好かれるひと言

こちらでよろしいでしょうか？

「〜かった」は過去形なので間違った表現。
よけいな言葉をプラスしないで。

コンビニや飲食店から仕事の場面まで、頻繁に耳にする「よろしかったでしょうか？」という言葉。プライベートでもビジネスシーンでも、多くの人が日常的に使っているため、聞き慣れてしまって、とくに違和感を覚えない人もいるかもしれません。しかし、いわゆる**〝バイト敬語〟**と呼ばれるこの言葉は、今の出来事を過去形で聞いている間違った表現です。

正しくは**「こちらでよろしいでしょうか？」**ですが、過去形にすることで丁寧になると勘違いして使っている人も。もちろん、「先日お買い上げいただいた商品の使い勝手は、よろしかったでしょうか？」と過去のことについてたずねるなら問題ありません。

似たようなバイト敬語に「こちらになります」もあります。「ご注文の品はこちらになります」という言い方をしたことはありませんか？　これも丁寧に言っているつもりが、おかしな表現になっている一例です。商品が他の形に変化するなら「〜になります」で構いませんが、ただお渡しするだけなら**「ご注文の品はこちらです」**が正解です。場所を案内するときも「あちらになります」ではなく**「あちらにございます」**と正しい表現で。

また、「１０００円からお預かりします」の「から」も、「飲み物のほうをお持ちしました」の「ほう」も不要です。正しい表現をシンプルに言い切ることは、失礼になりません。よけいな言葉をプラスしない習慣を身につけましょう。

IIKAE 75 ZUKAN

× よけいなひと言

ご用件はなんでしょうか？

←

◎ 好かれるひと言

ご用件があれば私が承りますので、いつでもお声がけください

お客様の「ニーズ」に応じる受け身の対応を。

プレッシャーを与えないで。

店舗や施設の中に入ってきたお客様に、積極的にご案内してさしあげようと思う気持ちは大切です。けれども特に急ぎの用件もなく、ただ店内を見て回りたいとか、様子を見にきただけのお客様であれば、声をかけてほしくないこともあります。そのため、プレッシャーを与えないようなお声がけをする配慮が必要です。

いきなり「ご用件はなんでしょうか？」と聞かれると、「用件があるから来ているんですよね？」と詰め寄られているような気分になることも。こう言われて特に用事がなければ、そそくさと退散したくなりますよね。

では、**「もしご用件があれば私が承りますので、いつでもお声がけください」**と言われたらいかがでしょうか？　これなら〝お客様本位〟の言葉ですから、「欲しいものがあったらあの店員さんを呼ぼう」と思って、安心して店内に入れると思います。

積極的な手厚い接客が好きな方や、どんな対応でも気にせず堂々とふるまえる方もいるでしょう。けれども大抵の人は、少し「圧」を感じただけでも逃げ出したくなってしまうもの。オフィスの受付など目的があって来訪しているお客様にも、**「よろしければ、私がご用件を承ります」**と話しやすい声かけを。

接客の基本は、お客様のニーズに応じる受け身の姿勢で対応することです。

× よけいなひと言

それはちょっとわかりません

←

◎ 好かれるひと言

私にはわかりかねますので、お調べいたします

「ちょっと」は不要。
わからないときは他の手段で対応を。

新入社員向けのマナー研修では、**「わかりません」を「わかりかねます」**に、**「できません」を「いたしかねます」**に言いかえる練習をよくします。相手の質問にすぐ答えられないときは、拒絶や拒否に思われないように、「謙虚でやわらかい言葉づかい」を心がける必要があるからです。

「わかりません」と簡潔に伝えず、「ちょっとわかりません」「全然知りません」と返事をする人もいますが、逆効果です。

「ちょっと」「あまり」「全然」といった副詞は、接客の場面で使うと、「ちょっとって？」「店員のくせに全然って何だよ？」と、相手の気に障ることがあるからです。

たとえば、「これはどう使えばいいんですか？」と聞かれてわからない場合は、「私にはわかりかねますので、お調べいたします」という対応が好ましいです。あるいは、**「詳しい者が代わりに対応しますので、しばらくお待ちください」**でもいいでしょう。

だれしも、わからないことやできないことがあって当たり前です。研修講師仲間でもよく話題に上がるのですが、参加者からの質問に答えられないときに、「適当にごまかそうとする」講師ほど信用を落とします。わからないことは率直に認め、対処方法を提案しましょう。

回答に時間がかかる場合は、期日や方法を明確にすることも大切です。

✕ よけいなひと言

どちら様ですか？

←

◎ 好かれるひと言

ご用件を承りました。お名前も伺ってよろしいでしょうか？

先に用件を聞いたことを伝えてから、
丁寧に名前をたずねるとスマート。

受付や電話の応対でお客様からご用件を伺ったときは、必ず「名前」を確認する必要があります。「○○さんはいますか？」と聞かれて他のスタッフを呼び出す際も、訪問客の名前がわからないと話が通じませんよね。

そのため、先に名前を名乗ってと言わんばかりに、「どちら様ですか？」と聞く人がいますが、「どちら様」は「あなた誰？」と言われているようにも聞こえます。**「どちら」は方角や物に使うことが多い言葉**なので、人に対しては失礼にあたることも。また、ときには「なんでこっちが先に名乗らなきゃいけないんだ！」と立腹されることもあるかもしれません。

名前を名乗っていただきたいとお願いするのは、接客する側です。まずはいったん用件をお聞きしたうえで、**「ご用件を承りました。お名前も伺ってよろしいでしょうか？」**とおたずねすると、自然な応対で違和感がありません。もし、何かの会員の方からの用件であれば、「会員証はお持ちでしょうか？」と確認してもいいでしょう。

私も以前、研修先の会社を訪問した際に、受付で「何か御用ですか？」とぞんざいに言われてびっくりしたことがありました。その日の訪問客として研修担当者から受付に連絡がなかったため、何も関係のない部外者だと思われたのでしょう。たとえそうだとしても、訪問された方に不躾な態度をとると、その会社のイメージが悪くなるのでご注意を。

IIKAE 78 ZUKAN

× よけいなひと言

なるほど、なるほど

←

◎ 好かれるひと言

○○ということなんですね

目上の人に「なるほど」は使わない。
相手の言葉を使ってコメントする習慣を。

ビジネスでもプライベートでも、あらゆる場面で多用されている「なるほど」という言葉。どんな場面でもよく耳にする〝相づち代わりの返事〟として、市民権を得ているようにも感じます。しかし本来**「なるほど」は、同僚、部下など、自分と同等か目下の人に対して使う言葉**ですから、上司や目上の人に使うと失礼にあたります。

「なるほど」という応答のかわりに、「○○ということなんですね」と、相手の話の具体的な言葉に対する、感銘や尊重を伝えると、相手は自分の話を受けとめてくれていると実感できて悪い気はしません。

また、「なるほど、なるほど」と繰り返し言われると、聞いているほうは耳障りになってきます。その場合は、「○○というのは知りませんでした」「○○の話ははじめて聞きました」と、相手の話の内容にコメントできるといいですね。

なかには丁寧に言えば問題ないと思っているのか、「なるほどですね」と使う人もいますが、これもいただけません。どうしても「なるほど」が口癖になってやめられないなら、**「なるほど、その通りですね」「なるほど、そういうことなんですね」**といったん区切って、後の言葉に丁寧語をプラスしたほうが自然です。さらに「たしかに」や「もっともです」などのバリエーションがあれば、場合に応じたやりとりが可能になるでしょう。

IIKAE 79 ZUKAN

×よけいなひと言

先ほども説明しましたが……

◎好かれるひと言

わかりづらくて失礼いたしました

人の理解力はさまざま。
わかりにくい点を確認して、丁寧な説明を。

たとえば、商品の使い方を教えたのに同じことを聞かれたときや、書類の書き方を繰り返し聞かれたとき。イライラした様子で、「先ほども説明しましたが……」と言う人がいます。

気持ちはわかりますが、相手は一歩も二歩も下がって尊重すべきお客様。あなたはプロ。「聞いてなかったの？」と言いたくなるのをぐっとこらえて、**「わかりづらくて失礼いたしました」**と言うのが礼儀です。

自分はその商品やサービスに詳しくても、相手にとってははじめてのことは、すぐに理解できないことが多いものです。説明内容の難易度にもよりますが、特に相手がその商品に苦手意識があったり、高齢者であったりする場合、**1回や2回説明しただけでは理解していただくのはむずかしいもの**と思って対応したほうがいいでしょう。

たとえ自分は間違っていなくても、説明を聞き直されたくらいで相手に非があるような物言いをすると、見下しているように聞こえます。せっかく商品やサービスを利用してくださるお客様に、嫌な思いをさせてしまっては本末転倒ですよね。

自分の説明がわかりづらくて申し訳ない、という態度で対応すれば、相手も「こちらこそ何度も聞いてごめんなさいね」という気になるものです。お客様に悪気がない限り、どこがわかりにくいのか確認して、可能な範囲でニーズに応えてあげてください。

× よけいなひと言

ご注文はこれだけでよろしいですか？

←

◎ 好かれるひと言

ご注文は以上でしょうか？

「これだけ？」は失礼な表現。
お客様にプレッシャーを与えない言葉選びを。

営業や販売の人は、お客様にひとつでも多く商品を買ってもらいたいですよね。しかしその気持ちが前に出ると、**「ご注文はこれだけでよろしいですか？」**と、つい「だけ」をつけがちです。

言われたほうは、「これだけしか買わないの？」と不満に思われていると感じて後ろめたい気持ちにもなりますし、「ほかは結構です」と断らなければなりません。

なかには、「こちらのスカートも人気で最後の1点なんですよ。お似合いですよ」と強く薦めてくださる店員さんもいて、ゆっくり検討したいときはちょっと困ってしまい、自然と足が遠のいてしまうことも。一方、心地のいい適度な距離感があると、また行きたくなるものです。

お客様にとってお得な情報があれば、「2点で20％引きになりますが、1点でよろしいですか？」と確認しても問題ありません。けれども、相手にメリットになる情報が特になければ、**「ご注文は以上でしょうか？」とシンプルに確認する**ほうが適切です。

同じようなケースで、「ポイントカードはお持ちですか？」とお客様に確認して持っていない場合、「失礼しました」「申し訳ありませんでした」と接客する人もいます。これも、ポイントカードを持っていないことが悪いようなニュアンスなので、「承知しました」と言うほうがいいでしょう。お客様の肩身が狭くなるような言葉を、うっかり口にしないように。

× よけいなひと言

その商品はありません

←

◎ 好かれるひと言

申し訳ございません。ただいま○○はお取り扱いがございません

まずは「お詫び」を。指示語は使わず、
商品名と店頭にない理由を伝えて。

商品やサービスを売る接客業の場合、「〇〇はある?」と聞かれることがよくあります。在庫切れや、販売していない商品については、「申し訳ありません」とまずお詫びしたうえで、「ただいま、〇〇はお取り扱いがございません」と、商品名と店頭にないことを説明します。「それはありません」「そういう商品は置いてません」と言って終わりの人もいますが、ぶっきらぼうで冷たく感じます。

また、「その」「そういう」という指示語も、ふさわしくありません。カウンセリングの現場でも、**「あれ」「それ」「その」といった指示語は使わない**ように意識して会話します。「こんなことがあって腹が立ったんです」と相談されて、「そうなんですか」と言うと、表面的に聞いているように思われてしまうからです。そのため**「〇〇に対して腹が立ったんですね」**と内容を明確にします。

接客も同じで、わざわざ探しているほど、そのお客様にとって必要な商品が店頭にない場合は、必ず固有名詞（商品名など）とセットで、販売していない「理由」まで説明しましょう。

1日何十人もから「マスクないですか?」と聞かれる異常事態であれば、「今ないです」と答えるのが精一杯かもしれません。しかし平常時は、お客様の気持ちに寄り添う丁寧な対応を心がけたいものです。

× よけいなひと言

人気商品なので、今買わないと売りきれますよ

←

◎ 好かれるひと言

ラスト1点なので、ご検討されるようなら お取り置きしましょうか？

「押し売り」は禁物。
お客様に「検討の余地」を与える接客が好感度大。

「これがラスト1点です！」「限定商品なので今買わないと売りきれますよ！」というセールストークで、商品をすすめられた経験は誰でもあると思います。

たとえそれが嘘ではなかったとしても、買おうかどうしようか迷っているときに、むりやり背中を押されるといい気分はしません。ではどういう言い方をすれば、前向きに検討してもらえるでしょうか？

買うか買わないかの「選択権」は、お客様にあります。ただ一方的にすすめるだけでは、相手に考えさせる余地を与えない傲慢な態度に見られます。そこで、たとえば洋服であれば「ラスト1点なので、お取り置きしておきましょうか？」と提案してみるといいでしょう。

するとお客様は、今すぐ決めなければいけないプレッシャーがなくなります。他のお店も見て回って、気が向かなければ買わなくてもいいので気が楽です。接客する側はその可能性も考えて、**「購入される場合は○時までにお戻りください」**とお願いすればいいのです。

どんなに売りたい商品があっても、**決断を急がせる〝押し売り〟は禁物**です。一歩間違えると脅し文句にもなりかねません。取り置きができない商品であれば、**「あと1点ですので、お買い求めになる場合はお早めにどうぞ」**と言うだけにとどめましょう。

押しつけがましくない接客は、好感度が高く、リピーターにつながることも。

× よけいなひと言

おねえさん、よく似合ってるよ

↓

◎ 好かれるひと言

お客様、よくお似合いですね

接客に「馴れ馴れしさ」は不要。
どの方に対しても「お客様」で統一を。

接客する際、「お客様の呼び方」に悩んだことはありませんか？

名刺交換するビジネスシーンであれば、「○○社長」「○○課長」「○○さん」と肩書きや〝さん付け〟で呼ぶことができます。

しかし、販売やサービス業など、お客様の名前がわからない場合は「お客様」と呼ぶことしかできません。基本はそれで問題ないのですが、親しみを込めて声をかけたいとき、**「お父様」「奥様」「パパさん」「ママさん」「おにいさん」「おねえさん」と呼んでしまう人**がいます。

私の知り合いの男性も、独身で子どもがいないのに、お店の店員さんから「お父さん、よくお似合いですね」と言われて嫌だったと話していました。立場や役割の呼称はプライバシーにも関わることですので、避けたいところです。

馴れ馴れしい呼び方をすると、お客様との距離が近づくように感じるかもしれませんが、逆に引かれてしまう可能性が高いと思ったほうがいいでしょう。男性のお客様と一緒にいる女性に「奥様」と声をかけても、妻ではないかもしれませんよね。そんな危なっかしい事態を招くこともあるのです。

だれに対しても、「お客様」とお声がけしたほうが、失礼がありません。接客に馴れ馴れしさは必要ないのです。

第8章 クレーム・苦情対応

接客業に限らずどんな場面でも、理不尽な訴えや要求をする「モンスターカスタマー」と呼ばれるお客様が、最近増えています。クレーム対応に翻弄されて、メンタル不調を起こす方も少なくありません。クレームを最小限に抑えるためには、相手の「怒り」の原因である「一次感情」を見極める必要があります。

たとえば、不良品について苦情を訴える人は、商品を使えない「焦り」やサポート担当に連絡がなかなかつながらなかった「いら立ち」が一次感情の可能性があります。それが二次感情の「怒り」に転じて苦情を訴えているので、一次感情を緩和しなければ怒りは収まりません。

一次感情には他にも、「悲しみ」「寂しさ」「心配」「不安」「不満」などがあります。このマイナス感情を知るためには「傾聴」スキルが求められます。

「傾聴」とは、ただ一生懸命に話を聞くことではなく、相手が「話を聞いてもらえた。わかってもらえた」と思える聞き方のこと。そのお客様ファーストの視点を忘れずに対応しましょう。

フン
えっ
プン
一体どうなっているんですか
すみません…
ごめんなさい…
すみませんっ
スッ
この度は大変申し訳ございません
私が責任をもって
承ります

IIKAE 84 ZUKAN

よけいなひと言

すみません

←

好かれるひと言

大変申し訳ございませんでした

「カジュアルな謝り方」で怒りが増幅する人も。
「丁寧なお詫び」を決まり文句に。

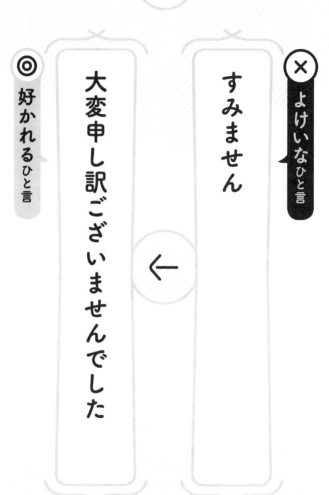

クレーム対応で「すみません」「ごめんなさい」と軽い謝り方をすると、相手の怒りを増幅させかねません。マイナス感情を抱えた人に対するお詫びは、**「大変申し訳ございませんでした」**と誠意を持って伝えましょう。謝罪は大げさ過ぎるぐらいでちょうどいいのです。

企業研修で、「こちらに非がなくても、謝らないといけないんですか？」と質問されることがありますが、答えはイエス。クレーム対応を「勝ち負け」で考える人もいますが、それも間違いです。ささいなことでも、**問い合わせの手間をかけたことに対して「申し訳ございません」とお詫びする**のが礼儀です。

クレーム対応のお詫びは、トラブルやミスなどの事実に対する謝罪ではなく、お客様を不快な感情にさせてしまったことに対する謝罪なのです。ですから、「大変申し訳ございませんでした」を決まり文句だと思って、まずはお詫びを伝えましょう。

そして、対面の場合は表情や音調にも気をつけましょう。コミュニケーションでよく参考にされる「メラビアンの法則」では、見た目やしぐさの「視覚情報」が55%、声の大きさや口調など「聴覚情報」が38%、「言語情報」が7%影響すると言われています。

お詫びの言葉も、相手が納得できる態度や話し方で伝えることができれば、爆発寸前の怒りを鎮めることも不可能ではありません。

IIKAE 85 ZUKAN

よけいなひと言

どういうことでしょうか?

好かれるひと言

お話ししやすいところから状況を伺えますか?

「問題点を明確にする」聞き方を。
細かい状況確認が問題解決のポイント。

クレーム対応では、お客様が「どんな問題を抱え」「何に不満を感じているのか」詳しく知る必要があります。けれども感情的になっている人の場合、事実と意見、不満と怒りがまざって、話がよくわからないことも。

とはいえ、「どういうことでしょうか？」と〝威圧的な聞き方〟をするのはＮＧ。ただでさえネガティブな気分の相手に、「あなたが言っていることは理解できない」「意味がわからない」と追い撃ちをかけて逆上させる危険性があります。苦情を訴えている人は、自分でも何が問題なのかよく理解できていないことがあります。そのため、「一番困っている点は何か？」「どこでつまずいているのか？」ポイントを明確にする聞き方をしたほうがいいでしょう。

たとえば、**「お困りの点について、お話ししやすいところから状況を伺えますでしょうか？」**と聞けば、説明もしやすくなるでしょう。私もパソコンの不具合などで問い合わせることがあるのですが、詳しくないためにどのように説明してよいのか迷うことがあります。そんなときに、このように声をかけてもらえると「何をしたいのにできないか」を伝えやすいと感じます。

その上でお客様目線に立って、**「商品は今どういう状態ですか？」「どんな使い方をされましたか？」**などと細かく状況確認しながら説明すると、お互いの理解が早く進んで解決へ導くことができると思います。

IIKAE 86 ZUKAN

✕ よけいなひと言

○○はしないでください

←

◎ 好かれるひと言

今後は○○していただけると幸いです

「否定形での要求」は、受けとりづらい。
「肯定形のお願い」に気持ち言葉をプラス。

お客様からクレームを受けたものの、原因はお客様自身にあった、というケースはよくある話。その場合、態度が一変して恐縮するお客様もいれば、開き直って「間違いやすいものを作ったそちらが悪い」と責任転嫁する人もいます。

どちらのタイプに対しても、「○○はしないでください」と否定形でのアドバイスをすると、鎮まりつつあった相手の怒りが再燃することも。

たとえば商品の扱い方にしても、「作動中にプラグを抜かないでください」と否定形で言われるのと、「今後はスイッチを切ってからプラグを抜いていただけると幸いです」と肯定形で言われるのとでは、受けとめ方が変わります。同じ意味でも、**「否定形」と「肯定形」で、伝わり方は大きく変わる**のです。

相談窓口に、「なぜ、夜は電話がつながらないんだ」と苦情をおっしゃったお客様に、「時間外はお電話しないでいただけますか?」と言って、相手の怒りをヒートアップさせた人もいます。「これがルールですから」と冷たくあしらうのも、相手の気分を害するだけ。

〝お客様ファースト〟の接客は、**「せっかくお電話いただいたのに申し訳ありません。今後は営業時間内にお電話していただけると幸いです」**と伝えましょう。こうしてもらえるとうれしい、ありがたいと、気持ち言葉をひと言プラスするだけで、ニュアンスはガラッと変わるのです。

× よけいなひと言

お言葉ですが、○○とおっしゃった件は間違っています……

→

◎ 好かれるひと言

○○の件につきましては、こちらの書類に○○と記載がございます

お客様が間違っているときは、「事実」だけを冷静に伝えて。

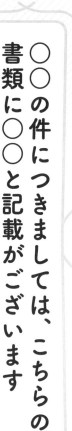

思い込みが激しい人や、一度言ったことを曲げない人が、間違ったことを主張して苦情をおっしゃってきたらどう対応すればいいでしょうか？　たとえば、買った商品の引き取り日をお客様が勘違いしているのに、こちらに非があると文句を言ってきた場合。「お言葉ですが、引き取る日を勘違いされています」と責めたくなるかもしれません。

けれども前にも述べた通り、接客では仮に相手が間違っていても、非難してはいけません。**「お客様がおっしゃっている引き取り日については、こちらの書類に明日と記載がございます。引換券にも記載しておりますのでご確認をお願いいたします」**というように、事実を冷静にお伝えしましょう。

自分は悪くないと思って、「そうおっしゃられても困ります」「引き取り日は明日とお伝えしました」と言いたくなっても、ぐっと我慢して思いとどまりましょう。

それでも受け入れていただけない方には、**「引き取り日は明日と承っておりますので、申し訳ございません」**と端的にお願いしてください。とにかく必要最低限の情報を、冷静にお伝えすること。口が滑ってよけいなことを言うと、「それはどういうことだ！」と新たな突っ込みどころを増やしてしまいます。

また、「言った・言わない」のトラブルを避けるためにも、**重要事項は必ず書き残す**ように。

IIKAE 88 ZUKAN

× よけいなひと言

そういうことは起こらない
はずですが……

◎ 好かれるひと言

今一度、ご一緒にご確認を
お願いいたします

お客様が間違っていても、責めない。
最後まで「相手を尊重する姿勢」を忘れずに。

電機メーカーのお客様センターに勤めていた方の話で、こんなエピソードがありました。「購入した電化製品が動かない」という苦情を受けて状況を確認したところ、コンセントを差していなかった、というのです。

このようなお客様に対して、あなたならどう対処するでしょうか？「それでは動かないはずです」と追い撃ちをかけないように。**「原因がわかって何よりです」**と伝えられたらお客様も安心できますよね。また、問題の原因を確認する際も、「そんなことは起こらないはずです」「それはありえません」と断定的に否定しないようにしましょう。

仮に「お客様に原因がありそうだ」と思っても、**「今一度、ご一緒にご確認をお願いいたします」**と丁寧な対応を心がけてください。お客様を疑ったり、責めたりするのではなく、一緒に原因を確認してくださいという態度で、「寄り添う」のです。しかし、自分に原因があることを認めず、理不尽な言いがかりをつけてきたり、怒鳴り散らして話を聞かなかったりするような人であれば、必要以上にへりくだることはありません。

勘違いや行き違いなど、ちょっとした本人の確認不足がクレームの原因の場合は、丁寧で親切な対応をすることで、不満や不信感が信頼や安心に変わることがあります。ピンチはチャンス。そう考えて、どんなときも「相手を尊重する姿勢」を忘れないように。

IIKAE 89 ZUKAN

× よけいなひと言

もっとお待ちいただいている
お客様もいますので

←

◎ 好かれるひと言

お待たせして申し訳ございません

「他人との比較」は逆効果。
マイナス感情に対する「お詫び」と「目安」を伝えて。

急いでいる人から、「あとどのくらいですか？」と聞かれれば、**「あと何人お待ちです」「30分以上はかかると思います」と、目安をお知らせする**ことができます。ところが、行列に並んでいるときや、受付の順番待ちをしているときなど、「早くしろ！」と怒鳴っている人を見かけることがあります。

しかし一方的に「早くして」と言われても、そのお客様だけを優遇するわけにはいきませんよね。そこで平等性を伝えるために、「もっとお待ちいただいているお客様もいますので」「他のお客様にも順番にお待ちいただいていますから」と説得する人がいますが、この対応は逆効果。みんな大変なんだからあなたも我慢してくださいという同調圧力的な説得をされると、さらに重いプレッシャーを感じるからです。

このお客様は、急いでいて困っていることを訴えているわけですから、「大変お待たせして申し訳ございません」とお詫びをしなければ、イライラは解消されません。その上で、**「3番目にお呼び出ししますので、もうしばらくお待ちください」**と、待ち時間の目安をお知らせできればベスト。どんな物事でも、人は「ゴール」が見えるとあと一息がんばれるものです。

クレーム対応における「他人との比較」はタブーだと心得て、お客様のマイナス感情を軽減したうえで、「目安」を伝えましょう。

IIKAE 90 ZUKAN

× よけいなひと言

わからないので上の者を呼んでまいります

↓

◎ 好かれるひと言

私が責任を持って承ります

まずは真摯な態度で
状況の把握をしてから、引き継ぎを。

顧客対応で、「クレーム対応をしなくて済むなら、どんなに気が楽だろう」と心労を訴える方は少なくありません。苦情の内容が自分の手に負えないと感じたら、逃げ出したくなるのも当然でしょう。

最近は、単なる嫌がらせのようなクレームも増えてきていますので、ひとりで対処するのが難しいケースも目立ちますが、基本的には、**「受けた者が対応する」姿勢**が大切です。そのあとに、上司に取り次ぐにしても、まずは、相手の気持ちや意向を理解し、状況を把握しなければなりません。

その際、**「私が責任を持って承ります」**という言葉があれば、相手に安心感を持ってもらいやすくなります。「嫌だな」という逃げ腰の雰囲気が伝わってしまうと、相手も気分がよくありませんよね。お客様から「上の者を呼んで来い」などと言われてしまうのは、自信がなさそうな後ろ向きの態度や、ないがしろにするような対応が見えたときに多いようです。

一通り話を聞き、やはり自分では対応できないと思ったときは、無理せずに**「上司に確認をとってまいります」**と次の段階へ進んでください。場合によっては、担当が替わることもやむをえないケースもあります。引き継いだ担当者は、再度お客様に説明をうながすことのないように、しっかりと状況を把握し、理解しておくことが大切です。

×よけいなひと言

説明書に書いてありますよね？

←

◎好かれるひと言

順を追って、使い方を説明いたします

お客様に「非難の言葉」を浴びせるのは厳禁。
わかりやすく説明するのがプロ。

取扱説明書をよく読まずに商品を使い始めてしまうこと、ありませんか？　最近、私はあらかじめ説明書を読むようにしていますが、それでもわからないことがあります。

商品を扱っている側は、読めば誰でもわかるように説明しているつもりでも、すべてのお客様が取扱説明書を読んでその通りに使ってくれるとは限りません。むしろ、目を通さず、読んでも正しく理解してもらえない前提で考えたほうが、クレームにも冷静に対処できます。

ところがお客様に、「説明書に書いてありますよね？」「説明書通りに使われましたか？」と責めるように問う人がいます。

これはケンカを売っているのと同じ。言われたほうはカチンときて、二度とその会社の品は買いたくないと思う人もいるでしょう。自分を正当化すればするほど、人は離れていくのです。

お客様が説明書を理解できない場合は、**「順を追って使い方を説明いたします」**。理解できて問題解決した場合は、**「解決できて何よりです」「お役に立ててうれしいです」**。このような言葉がけが適切です。

相手はその商品を扱うのは初心者なのですから、理解できるまで説明して、解決できたら素直に喜びましょう。クレーム対応時の親切な言葉がきっかけで、不満が信頼に変わって、その会社のファンになる人もいるのです。

「言いづらいこと」を上手に伝える3つのポイント

人に迷惑をかけてはいけないという「他者優先」の文化で育った私たちは、言いたいことを言うのは「わがまま」と考えがちです。しかし、「自己主張」と「わがまま」は別のもの。人は「言葉」で言わなければ、理解できません。相手に察してもらえずに腹を立てたり不機嫌になったりするのは、ある意味「暴力」です。言いづらいことを上手に伝えるには、次のことを意識してみてください。

①「事実」を伝える

伝えたい「事実」を明確に話すことが大切です。自分の感情や周りの人の意見などを交えて話してしまうと、相手も感情的に受けとめてしまい、素直に聞き入れにくくなります。感情論から入ると「言い訳」や「わがまま」に聞こえてしまいますが、事実関係から入ると「説明」として認識されやすいです。

②シンプルに伝える

物事をシンプルに簡潔に話すことで、伝えたい内容がクリアに伝わります。よけいな言い訳を加えたり、回りくどい表現をしたりすると、何を伝えたいのかよくわからなくなるので逆効果。率直に伝えると相手を傷つけてしまうのではないかなど「遠慮する傾向」があると陥りがちですので、注意しましょう。

③穏やかに伝える

相手を責めたり、もめたりすることが目的ではないとはっきり示すためにも、「穏やかな雰囲気」で伝えることが大切です。責めるような表情や口調では、言われているほうも感情的になり、言いたいことが伝わらないどころか、人間関係に角が立ちます。

穏やかにわかりやすく伝えれば、ストレートに言葉にしても、相手から嫌われたり、人間関係が壊れたりする心配はありません。逆にはっきり伝えたほうが、お互いが理解し合えて、関係がよくなるケースが多いように思います。

第9章 取引先・接待

取引先や顧客との会話は、尊敬語、謙譲語、丁寧語などの敬語を正しく使えることが大前提です。使い慣れていないと過剰な敬語を使って、おかしな表現や嫌みになることがあるので注意しましょう。

また、自然な笑顔で、目を大きく開いたり、口を大きく開けたりするなどして、「表情豊か」に受け答えすると好印象を与えます。笑顔が苦手な人は、返事をするときに「そうですよね」と少し身を乗り出し前傾するだけでも、興味を持って話を聞いている感じが伝わります。

また、お客様との会話は「先方7：当方3」の割合を目安に話を進めるとよいでしょう。先方にたくさん話してもらうことを心がけます。こちらから商品説明をする場合でも、相手のニーズを引き出す会話が、結果的に商談の成立に結びつきやすいからです。

これは採用面接でも同じ。「人事7：就活生3」くらいの割合で話すと、内定の確率が高くなると感じています。どちらも、正しい敬語を使って相手に語ってもらうことがポイントです。

○○の件、まだ資料が届いてないんだけど
はーい
とりあえずやっておきます
今日の12時までにはほしくて…
あと1時間!?
それは無理ですよ
あの…
セールス?
今の電話は誰から…
え?
□□社(主要取引先)
大っ変申し訳ございませんっ
お電話代わりましたっ
取り急ぎ対応します!!
本日12時、難しいと思いますが
検討します!!

IIKAE 92 ZUKAN

× よけいなひと言

○○課長は、本日お休みでいらっしゃいません

↓

◎ 好かれるひと言

課長の○○は、本日休みをとっております

身内の「社内の人」について敬語は使わない。
名前は必ず「呼び捨て」で。

自分にとっては先輩や上司でも、社外の人に対しては「身内」となりますから、敬語を使う必要もなければ「さん」づけするのも適切ではありません。**身内の名前は、社外では呼び捨てにするのが基本**です。

しかし、顧客に対し、社内の人について「〇〇さんは、あと5分程度でいらっしゃいます」と伝えたりする人がいます。

また、電話応対で、社外の人からの問い合わせに、「〇〇課長は、本日お休みでいらっしゃいません」と言ってしまうケースが多く見られます。「部長」「課長」などの役職名は、それ自体に敬称の意味合いがあるため、名前のあとにつけて呼ぶのは、社外の人に対しては望ましくありません。

この場合、**「〇〇はあと5分程度でまいります」「課長の〇〇は、本日休みをとっております」**と呼び捨てでOK。敬語は不要です。

上司からの伝言を社外の人に話す場合も、「課長がこのようにおっしゃっていました」と尊敬語を使わずに、**「課長の〇〇がこのように申しておりました」**と謙譲語を使いましょう。普段、社内では上司に対して敬語を使うのでつい言いがちですが、社外の人にそのまま使わないように気をつけたいですね。

IIKAE 93 ZUKAN

× よけいなひと言

この資料をご用意していただくかたちになります

↓

◎ 好かれるひと言

この資料のご用意をお願いします

「かたちになる」は誤用。
口癖になっている人は正しく言いかえる習慣を。

お客様に何かを説明するとき、「○○していただくかたちになります」という言い方が口癖になっている人がいます。

特によく耳にするのは、「この資料をご用意いただくかたちになります」「こちらをご覧いただくかたちになります」「あちらへ移動していただくかたちになります」など。「○○していただく」という言い回しにすべて「かたちになります」をプラスしているのです。

「形（かたち）になる」は物体の形状に対する表現ですから、何かの形を表現するのでなければすべて誤用です。お願いごとをするなら、**「この資料のご用意をお願いします」**でいいのです。「かたちになる」をよく使ってしまう人は、正しい表現を身につけましょう。

また、WEBサイトやメールでよく見かけるのは、「返品の際の送料はお客様にご負担いただくかたちになります」「1週間お試しいただいてからご購入を決めていただくかたちになります」といった文章です。これも「いただきます」と言い切れずに、「かたちになる」をプラスして丁寧な表現にしている感覚かと思いますが、使い方として間違っている表現は、やはり正しく言いかえたいところです。

接客業でも使っている人が多いこの言葉。あなたがもし無意識のうちに使っていたら、**「していただきます」「お願いします」と言い切る**ように意識しましょう。

×よけいなひと言

とりあえずやっておきます

↓

◎好かれるひと言

取り急ぎ対応いたします

「とりあえず」は間に合わせ的な言葉。
「取り急ぎ」「まずは」に言いかえて。

ふだん身近な人に言っているような口調で、「とりあえずやっておきます」と返事をする人がいます。定型文のように何気なく使っていることも多いのではないでしょうか。

自分にとってそれほど重要でない仕事もあれば、気乗りのしないものもあるかもしれません。けれども先方が、「この件はあなたに任せた」と思って頼んでいるのに、投げやりな態度だったり、その場しのぎの返事をしたりすると、「いい加減な対応」だと思われてしまいます。

日常会話でよく使う「とりあえず」はまさにその一例。この言葉は「さしあたって」という意味もありますが、一般的には「間に合わせとして」「あまり考えずに」「適当に」というニュアンスが強く、物事を軽く扱っているように感じさせます。「やっつけ仕事」だと思われてしまうと、信頼を失いかねません。

お客様からの頼まれごとは、どんなことでも誠実に対応するのが基本です。**「取り急ぎご依頼の件を進めます」「まずは依頼の件に取りかからせていただきます」**と言えば、先方も安心するでしょう。

依頼に対してだけでなく、お客様との会話の中でも、「とりあえずこちらの資料をお持ちしました」「とりあえずその方向でお願いします」という使い方は、相手に失礼です。この場合も「まずは」に言いかえるか、「とりあえず」を省くと、誠意を感じられる表現になりますよ。

IIKAE 95 ZUKAN

よけいなひと言

それは無理です

↓

好かれるひと言

難しいと思いますが、検討してみます

難しい要望でも「努力する姿勢」を見せること。
断るときほど丁寧な表現を。

お客様との信頼関係を築くためには、できるだけ要望に応えて満足いただける結果を出したいものです。しかし、無理難題を言われて困ってしまうこともあるでしょう。

その場合、「それは無理ですね」と突っぱねる人もいますが、よほど長い付き合いでなければ、冷たい態度に思われて関係性が悪化する可能性があります。

同じ断り文句でも、**「難しいかもしれませんが、検討します」「現段階では難しいですが、今後尽力いたします」**と、努力する姿勢を見せましょう。

取引先との関係性を良好に保つためには、ネガティブな交渉事のあとでも後味が悪くならない対処の仕方がポイントです。自分が一歩引いて、**「こちらの力不足で」「ご期待に応えられず申し訳ございません」**と配慮ある言葉を添えると、より好印象です。

しかし、自分の担当業務以外の要望など、100パーセント不可能な仕事を頼まれたときは、はっきりと断る勇気も大切です。最近は理不尽な要求をゴリ押ししてくるモンスターカスタマーも多く、毅然《きぜん》とした態度も必要です。

その際も、「無理です」「できません」という言葉は「全否定」された感が強くなりがちなので、少しやんわりとした**「いたしかねます」**という丁寧な表現ができると、好印象につながるでしょう。

IIKAE 96 ZUKAN

×よけいなひと言

一杯くらいつき合ってくださいよ

←

◎好かれるひと言

お好きな飲み物を召し上がってください

無理矢理お酒をすすめるのは「アルハラ」。
お酒が飲めない人を差別しないで。

お酒が苦手な人、飲めない人に、アルコールを無理矢理すすめるのはよろしくありません。けれども悪気なく、「一杯くらいつき合ってくださいよ」「乾杯ぐらいはビールでいいじゃないですか」と口にしてしまう人が多いのも事実。

そう言われると断りにくくなり、我慢して飲んで具合が悪くなる人もいます。たとえ飲んで問題がなかったとしても、ビジネスの場で起きたアルコールの強要は訴えられるケースも。誰にでもアルコールをすすめることは基本的にやめましょう。

接待に限らず飲食を伴うビジネスの場面で人に飲み物をすすめるときは、**「お好きな飲み物を召し上がってください」**と自由に選んでもらってください。

間違っても、「お酒を飲めないなんてつき合いが悪い」「お酒が飲めないのは一人前じゃない」などと偏見を持ったり、差別したりしないこと。お酒が飲めなくても、基本的には人間関係に影響はありません。

ただ、お酒が好きな人のなかには、飲んでいるときこそ本音で話せるという人もいるので、臨機応変にお酒を楽しめるといいですね。

また、社内の飲み会でのケースで、**「飲めない人も割り勘にされるから、参加したくない」という相談**を受けることもよくあります。幹事さんは、そのあたりも配慮できるといいですね。

IIKAE 97 ZUKAN

× よけいなひと言

さっそくですが、御社に提案した
Aの件はどうなってます？

←

◎ 好かれるひと言

Aの件も
よろしくお願いいたします

接待で優先すべきは「おもてなし」。
商談は話の流れに合わせて失礼がないよう。

接待は、お互いをよく知り親睦を深め、仕事を円滑に進めるための交流の場です。最優先すべきは、おもてなしの心。そこを忘れて、強引に商談をまとめようとすると、相手によっては気分を害して関係性が悪化することもあります。

もちろん、お客様にとって有意義な仕事の話をするのは悪いことではありません。忘年会で一年のお礼に一席設けたら、次の年の計画について話をすることもあるでしょう。ただその場合も、会食中は雑談で盛り上がったのであれば、最後に**「今年はありがとうございました。Aの件もよろしくお願いします」**と、さりげなくお願いする程度にとどめます。

先方から仕事の話を振ってきたら、話して構いませんが、空気を読まずに「さっそくですが、御社に提案したAの件はどうなってます?」と単刀直入に切り出すと、相手は居心地が悪くなることも。

接待に適した話題は、お互いの関係性や仕事の状況によってケースバイケース。**まずは「聞き役」に回って、相手の話をしっかり受けとめましょう**。その上で、料理や会話を楽しんでもらえれば、接待の目的は果たされると思います。

自分は「ホスト役」という意識をもって、まずは相手に失礼がないような気配り、心配りを忘れないようにしてください。

✕ よけいなひと言

そんなありえない
失敗したんですか？

←

◎ 好かれるひと言

○○さんにも、
そんなことがあったんですね

酔っても絡まず、「暴言・失言」は慎むように。
「無礼講」と言われても礼儀は守って。

「今夜は無礼講で楽しみましょう！」とお客様が気遣ってくれたとしても、**接待の場で礼儀やマナーを無視した言動は慎まなければいけません。**ところがお酒の席では、酔いに任せてついつい失礼な発言をする人が多いのです。

たとえば、接待相手が失敗談を語って場を盛り上げようとしたら、「え？　そんなありえない失敗したんですか？　信じられない」と見下すように非難してしまう人。「社長もそんなことあったんだ？」といきなりタメ口になる人。あなたの周りにいませんか？

失敗談は、次の成功談につながる自慢話のこともあります。「失敗したからこそ今がある」という話の前段で、失敗談にばかりツッコまれると、話の流れが変わって空気が重くなることも。また、相手がいくらおもしろい話をしたからといって、タメ口で話すことは無礼です。

似たようなシーンで、めずらしい料理を食べたお客様が「この味ははじめてだね」と言ったときも、「社長でも食べたことがないものがあるんですか？」などと嫌みっぽいお世辞は言わないように。**「よろこんでいただけてうれしいです。準備した甲斐があります」**と、ホスト役としての気持ちを伝えたほうが好感度は高まります。

酔いが回って緊張感がゆるんでも「暴言・失言」だけには注意を。そこで失敗すると、評価が下がる可能性もあるのが、接待の怖いところなのです。

IIKAE 99 ZUKAN

×　よけいなひと言

ここはうちが支払いますから
ご心配なく

←

◎　好かれるひと言

ここは弊社にお任せください

“恩着せがましい”伝え方は、相手に気を遣わせる。
さりげないひと言を。

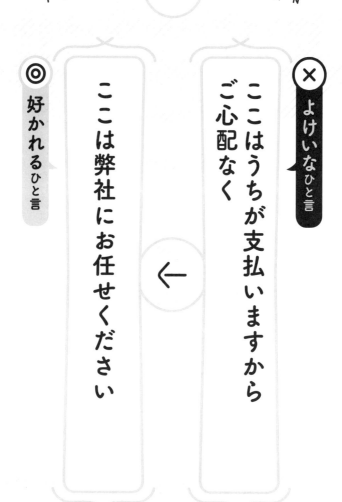

取引先やお得意様と会食する場合、接待する側の担当者や上司が、お店の手配から支払いまで行うケースは多々あるかと思います。その折に、相手に支払いを気にさせないひと言をどう伝えるかは重要です。

一番スマートなのは、飲食が終わる頃を見計らって中座し、さりげなく支払いを済ませてしまうこと。それができない場合は、お会計の前に「ここは弊社（私）にお任せください」とひと言だけ伝えればすむと思います。

「ここはうちが支払いますからご心配なく」とストレートに言うのはスマートさに欠けます。わざわざ「ご心配なく」と言われると、かえって気を遣ってしまいますし、「支払います」も直接的過ぎる表現です。

また、「こんな高級ワインは他では飲めませんよ」「ここはなかなか予約がとれないお店なのでラッキーでしたね」といった〝恩着せがましい〟言葉も避けましょう。

前者は**「貴重なワインですのでぜひ召し上がってください」**。後者は**「人気店ですが運良く予約がとれました」**と言えば、相手も気持ちよく楽しめると思います。

接待は、お客様との親睦を深める大切な機会。「接待してあげている」という驕《おご》りがあると、言葉の端々にその気持ちが表れます。謙虚な姿勢を心がけてください。

第10章

面接・キャリア相談・転職

企業の採用担当者が求めているのは、キラキラしたエピソードを持っている、すごい人ではありません。「長く一緒に働ける、信頼できる仲間」です。また、新卒でも転職組でも、採用した人には、業務を安心して任せられるように、成長してほしいと願っています。

その気持ちに応えるためには、自分自身と向き合い、自分の実力や人間としての個性を、客観的かつ冷静にみる視点が必要です。それができずに、人と差別化するため自分を大きく見せようとしたり、自己中心的な要望ばかり言ったりする人は、歓迎されません。

苦手や不得意、短所は誰にでもあります。まずは自分のありのままを受け入れて、長所を伸ばして成長しようとする「謙虚さ」と「素直さ」を大事にしてください。

面接でも、新しい職場でも、「自分を受け入れる姿勢こそ、相手から受け入れられる」条件です。その本質を忘れずに、「前向きな言動」を日々心がければ、自分を仲間にしてくれた人たちと良好な人間関係を築けるでしょう。

そろそろ採用の時期ですね
昨年面接したね
ハイ
新卒で
自己PRのときは経験談が良いアクセントになったよ
留学でチャレンジ精神が鍛えられたので
どんな仕事も尽力します！
私も新卒のころ苦労したな
これぱっかり言ってたら全然うからなくて～
10年前
なんでもできます！
なんでもやります！
うん、それは落としてるね
ハハハ
ここに採用してもらえて良かった～!!
ワハハ

IIKAE 100 ZUKAN

×よけいなひと言

なんでもやりたいです

◎好かれるひと言

留学でチャレンジ精神が鍛えられたので、どんな仕事にも尽力します

“漠然としたアピール”は印象に残らない。
「経験談」と絡めて説得力ある伝え方を。

面接では、自分を高く評価してもらいたくて、言わなくてもいいことを口にしがちです。たとえば「うちの会社でどういうことがやりたいの？」と面接官に聞かれたとき。「なんでもやりたいです」「なんでもできます」と答えると、主体性がないようにも受け取られ、「何もできないんだろうな」と思われることも。仮にやる気を買われて採用されたとしても、期待したほど仕事ができないと落胆が激しくなるため、評価が一気に下がります。

たとえば**「留学で新しいことにひるまないチャレンジ精神が鍛えられたので、どんな仕事にも尽力します」**と言ったほうが、面接官にも興味関心を持ってもらいやすいでしょう。また、そう思える根拠となる「経験談」や「資格」と合わせて話しましょう。

「リーダータイプです」といった〝漠然としたアピール〟も、**「50人いる部活のキャプテンをしていた」「生徒会長をしていた」**という〝具体的な話〟とセットですると説得力が増します。ただし、採用面接では、「先頭をいくリーダータイプ」よりも「協調性」を重んじる場合もありますので、プラスアピールになるとは限らないことも。仲間意識も合わせて伝えられるといいですね。

いずれにしても面接のポイントは、**「幕の内弁当」ではなく「焼肉弁当」**のように、「自分の強み」を絞ってアピールして。1点突破で勝負したほうが印象に残りやすいのです。

IIKAE 101 ZUKAN

×よけいなひと言

それ、できます。こう見えても○○をやっていたんです

←

◎好かれるひと言

ぜひ、その仕事にチャレンジしてみたいです

ビッグマウスは禁物。「やる気」と「誠意」を示して、
信頼を得られる人に。

自分を大きく見せても、仮面はすぐはがれます。できないことでも「それ、できます」と言ったり、ほんの少しかかわっただけのことを「こう見えても○○をやっていましたから」とさも当事者のように〝できる自慢〟をしたりすることは、職歴詐称と同じこと。あまりに話を盛り過ぎるのは、自分があとで辛くなることも。

最近は、こういうタイプの人が増えているそうで、**「〝できるアピール〟する人の採用は慎重になっている」**とおっしゃっていた人事担当者もいました。自分を大きく見せたいだけの売り込みは、仕事をすればすぐにバレます。さらに、そのつもりで依頼した関係者に多大な迷惑をかけることになります。

ただ、できないことも「できる」と宣言して、あえて自分に「プレッシャー」を与えたうえで、相当な努力をして実際に成果をあげる人もいます。そこまで責任を持って仕事に取り組む覚悟があるなら、ビッグマウスも使いようかもしれません。

そこまでの自信がなくても、やりたい仕事がある場合は、**「その仕事にチャレンジしてみたいです」**と正直に伝えてやる気を見せれば、信頼を得られるでしょう。

あなたがもし上司でも、「できると言ってできない人」より、「やる気のある信頼できる人」に仕事は任せたいですよね。熱意や誠意を示す人が印象に残りやすいのです。

× よけいなひと言

誰とでも仲良くなれるタイプです

◎ 好かれるひと言

苦手な人とも折り合えるように努力できます

「断定的な言い方」は逆効果。
面接では「素直な人」が評価される。

面接の場で、**100パーセント言い切るような表現をする人は、いい印象を与えない**ことがあります。

「誰とでも仲良くなれるタイプです」もそのひとつ。**「苦手な人とも折り合いをつけるように努力できます」**と言うなら理解できます。しかし、「誰とでも仲良くなる」ことは現実的には難しいため、過信している印象を受けるのです。

コミュニケーション能力をアピールしようとして、「断定口調」の言い方をする人は多いのですが、世の中に絶対はありませんから、「それは嘘でしょう」と思われて、逆効果になってしまいます。

似たようなひと言に、「私は怒ったことが一度もありません」「絶対に遅刻はしません」などもあります。どちらも面接の場では、「思い込みが激しい」「融通がきかない人」という印象を与えてしまうことも。

「怒ったことがない」という人は、我慢し過ぎて自分の感情がわからなくなっている可能性があります。私がそういう人の話を聞くときは、「今まで自分を見ないようにがんばってこられたんですね。もう少し自分を大事にしてくださいね」と声をかけるようにしています。

面接でも職場でも、自分の正直な思いを素直に伝えられる人が好かれるのです。

× よけいなひと言

こう見えてもコミュ障なんです

←

◎ 好かれるひと言

人と関わることが好きです

謙遜するフリをして自慢しないで。
得意なことは「経験談」とセットで伝えよう。

面接官とスムーズにやりとりして話が弾んでいる人が、いきなり「こう見えてもコミュ障《しょう》なんです」と言ったら、どんな印象を受けるでしょうか？

たとえて言えば、ビールを何杯もおかわりして顔色ひとつ変えずにガンガン飲み続けている人が、「こう見えてもお酒は弱いんですよ」と言っているようなもの。謙遜《けんそん》しているように見せて、実は自慢しているのです。

お酒の席であれば笑ってすむ話かもしれませんが、面接の場ではそうはいきません。「今これだけしゃべっているけれど、自分はまだまだこんなもんじゃないんですよ」と内心思っている人に、いい印象は持てないものです。それどころか、謙遜するフリをして「かまってほしいアピール」をしているように見えてしまいます。

面接官と話が盛り上がったのであれば、**「人と関わることが好きなんです」と、素直に伝えましょう**。それまでにコミュニケーション力を鍛えてきた経験があれば、「バイトリーダーをしていて、辞めたがっていた人とよく話したら、みんな残ってくれました」など、**関連するエピソード**も話せば、より納得感が高まります。

よけいな演技やあざとさは、人事のプロにすぐ見抜かれます。ふだん通りのありのままの自分で、独自の体験や思いをストレートに伝えればいいのです。

×よけいなひと言

ちょっといいですか？
（と他の人の話に割り込む）

←

◎好かれるひと言

○○さんはいかがですか？
（と発言が少ない人に話を振る）

採用担当者は、「自己中心的な人」より
「協調性のある人」を探している。

グループ面接でディスカッションをすると、「自分のことだけ考えている人」なのか、「人への気遣いができる人」なのかがよくわかると、採用担当者の方は口をそろえておっしゃいます。

みなさん自分の意見を主張することに意識が向きがちなので、発言できるチャンスが回ってくると、ここぞとばかりにハキハキ話します。早く自分の意見を言いたくて、「ちょっといいですか？」と割り込む人もいます。ところが、他の人が話し出すとつまらなそうにして、全然聞いていない人がいるのです。

どんなにすばらしいことを言って自分をアピールしても、他の人に無関心で協調できない人は評価されません。前にも触れましたが、採用する側は一緒に気持ち良く働いてくれる仲間を探しているからです。

たとえば、グループ面接でまだ発言していない人がいるとき、**「○○さんは、どう思いますか？」と話を振ることができる人**。人の話を聞いているときも**「うんうん」とうなずきながら真剣に聞ける人**。そういう人は好印象を与えますし、チームで仕事をしてもうまくいくでしょう。

これは面接に限らず、グループでのディスカッションやワークショップも同じです。採用担当者は特に「協調性」を重視して人を見ているのです。

×よけいなひと言

御社はどんな事業に力を入れているんでしょうか

◎好かれるひと言

御社の○○の事業に感銘を受けました。詳しく教えていただけますか

先方に聞きたいことがある場合は、
事前に勉強をして「感想」を伝えたうえで。

先方の会社について詳しく聞きたいとき、何も知らないまま、いきなり質問することは大変失礼です。自社が力を入れている事業を何も調べていない人物に、不快感を覚えないわけがありません。

面接を受ける立場であれば、先方の会社が何に力を入れているのか、「事前に調べる」のが礼儀です。**その上でひと言感想を伝えて、「御社の○○の事業に感銘を受けました。詳しい話を教えていただけませんか？」**と質問するといいでしょう。すると相手も、「よく勉強してくれているな」と思って、気持ちよく話してくれると思います。

また、相手が話してくれたことに対しては、しっかりと〝受けとめのフレーズ〟を活用しましょう。「そうなんですね」という指示語を使った応答だけでなく、**「○○なんですね」と内容を言葉にして受けとめたあとに、感想を伝えたり、「ここはどうですか」とさらに深められたり**できるといいですね。

質問をしておいて反応が薄いと感じさせてしまうと逆効果なので、気をつけたいところです。「ところで」と一方的に話題を切り替えるのも、話を遮ったように感じさせてしまうので注意してください。

せっかく会っていただくのですから、自分のできる範囲で事前に調べる努力を欠かさずに。

✕ よけいなひと言

御社で働くと、どんなスキルを身につけられるんですか？

←

◎ 好かれるひと言

御社で働けたら、○○のスキルを身につけたいと思っています

「自己中心的」な発言はマイナスイメージ。
主体的な姿勢を示す言葉選びを。

「自分のキャリアアップのために働きたい」と思うのは自然なこと。しかし面接官は「一緒に働きたいと思える素直で意欲ある人」を採用したいわけですから、自己中心的な発言はマイナスイメージにつながります。

特に、自分のメリットばかり気になる人は、「御社で働くとどんなスキルを身につけられるんですか?」「資格はとらせてもらえるんですか?」「人脈が広がりますか?」といったことを平然と聞きます。

なかには、「御社で経験を積んで、いずれ独立するつもりです」と宣言する人も。この質問の裏には、「自分にとってメリットが多い会社なら就職(転職)してあげる」といった、上から目線の傲慢な考えも透けて見えます。

仮に、心の中でそう思っていたとしても、**「御社で働けたら○○のスキルを身につけたいと思っています」**と〝主体的な発言〟に言いかえたほうが好感度は上がります。

相談現場では、「面接で営業をやりたいと言ったのに、事務に配属されたから辞めたい」という人がよくいますが、就職先ですぐにやりたい仕事ができるほうがまれでしょう。

「希望を持つのはよいことだが、まずは配属先での業務に真摯に取り組んでほしい」と、多くの人事担当者が嘆いています。

IIKAE 107 ZUKAN

×よけいなひと言

18時以降の仕事はできません

◎好かれるひと言

子どもの迎えがあるため、18時以降の残業はむずかしいです

「要望」は「理由」とセットで伝えて。
ただのわがままなら言わないほうがいい。

自分を売り込むための面接でも、さまざまな理由で働き方に条件がある場合は、あらかじめ誠意を持って伝えたほうがいいでしょう。

子育て中の方や家族の介護をしている方は、勤務できない時間帯もあるかもしれません。そのような家庭の事情は、必ず条件面の要望の理由として伝えましょう。「18時以降の仕事はできません」とだけ言うのではなく、**「子どもの迎えがあるため、来年いっぱいは、18時以降の残業はむずかしいです」**と具体的に言ったほうが、理解してもらいやすくなります。

若い世代には、「残業はしたくありません」「会計は苦手なのでやりたくありません」「本社ビル以外は遠いので通えません」と、まだ働いてもいないのに要望をいろいろ言う人が増えているという話も聞きます。理由もなく「こうしてほしい」「ああしてほしい」と言うのは単なるわがままですから、採用担当者も頭を抱えているようです。

仕事はほどほどでプライベートを重視したいという考え方も、もちろん個人の自由です。しかし、業務に取り組む以上、責任を持って果たすのが社会人の役目。

どうしても譲れない条件があるなら、**「仕事には責任を持って取り組みます。ただ、こういう働き方を希望しております」**と、「要望」ではなく「希望」として伝えましょう。そのほうがマイナスイメージが軽減されるでしょう。

× よけいなひと言

今の仕事は、
私がやりたいことと違うんです

◎ 好かれるひと言

今の仕事を覚えたら、
次はこういう仕事をやりたいです

やりたくなくても非難や否定はしないこと。
前向きに「やりたいこと」を伝えて。

企業でカウンセリングをしていると、「今の仕事は自分がやりたいことじゃない」「今の会社は自分が思っていたイメージと違う」という悩みをよく聞きます。

職種に対する不満、会社の雰囲気に対する違和感など、悩みの具体的な原因はさまざまです。しかし、自分が勝手に思い描いた理想を追い求めている限り、現実は常に不満が尽きないのではないかと思います。考え方を変えて、理想に近づく努力をすれば、不満の度合いも軽減されるのではないでしょうか。

無駄な仕事などありません。与えられた仕事は、好きも嫌いも関係なく責任感を持ってやりきると、次のステージも見えてきます。そして**「今の仕事で実績を積んだら、次はこういう仕事をやりたいです」**と、ステップアップしたい気持ちを伝えれば、聞いたほうもポジティブに受けとめることができますよね。

まだ実績も出していない人の不満や愚痴は、スルーされるだけ。けれども、仕事で一定の評価を得た人が**「次のステップに行きたいです」「〇〇の仕事をやりたくて今までがんばりました」**と言えば、上司や人事担当者が話を聞いてくれる確率はぐっと高まります。

どんな仕事も非難や否定をせず、前向きに仕事に取り組む人のことは、周りも応援したくなるものです。

IIKAE 109 ZUKAN

×よけいなひと言

以前は（大企業の）○○会社にいたんです

↓

◎好かれるひと言

今の会社に魅力を感じて入社したんです

「自己アピール」よりも、
「楽しい話題」を提供することを優先して。

たとえば転職先で、新しい職場の人と会話しているとき、前に勤めていた会社の話をするときは細心の注意を払って言葉を選びましょう。「この会社に来る前は、（大企業の）〇〇会社で働いてたんですよ」「前の会社では、こういうやり方をしていました」などといちいち言われると、不快感を覚える人も。

「仕事ができる人と思われたい」「バカにされたくない」といった理由で、前職やキャリア自慢をする人も多いようです。しかし、そういう話をすればするほど、鼻持ちならない人と思われやすいので注意が必要です。そして実際に際立った成果を示せなければ、「口で言うほどたいしたことないじゃん」とかえって減点ポイントとなる原因に。

それよりも、**「この会社に魅力を感じて入社しました」**と言ったほうが、周りの好感度がぐっと高まります。仕事に自信があるのなら、**実際に成果をあげていけば、黙っていても周りが評価してくれる**はずです。

初対面で大切なポイントは、自分に興味を持ってもらうこと。そのためには、スペックの高さを誇って武装するのでなく、等身大の自分の人間性を伝えることを意識してください。自分は敵ではないと思ってもらうことが、仕事の成果を認めてもらうベースになるのです。仮に相手からキャリアのことを聞かれたとしても、さらっと受け流す程度がちょうどよいのです。

× よけいなひと言

前職は○○会社の営業課長でした。△△の資格を持っています

←

◎ 好かれるひと言

前職は営業でした。人と関わる仕事にやりがいを持っています

「自慢」や「自虐」はNG。
自分に興味を持ってもらうひと言を。

新しい職場で自己紹介するときに、前職での肩書き、実績、資格、学歴などの社会的地位で、自分の存在感をアピールしようとするのは、逆効果です。そうした行為は、外的な条件をかき集めて、人より優位に立とうとしているように見えます。人によってはマウンティングだと感じてしまうことも。

ですので、**自分の性格や趣味や身近なエピソードなど、自分自身をわかりやすく伝える**ことを心がけましょう。これから一緒に働く人たちに好印象を与えるためには、何よりもまず自分の人間性を知ってもらうこと。

たとえば、「今までどんな性格だと言われたことがあるのか」「最近ハマっていることは何か」、あるいは「最近のちょっとした失敗談やおもしろかったエピソード」でもいいでしょう。あなたがどんな人かわかってもらえることを、笑顔で話してみてください。**「涙もろいんです」「キャンプにハマっています」**というような、人柄や趣味嗜好がわかるようなコメントができるといいですね。

「以前はこんなことをやっていました」「前職は○○でした」と言うのはもちろんかまいませんが、最初は事実を言うことにとどめて。今までの肩書きや実績は、相手との距離が縮まって〝仲間意識〟が生まれてから、少しずつ話せばいいのです。

× よけいなひと言

この会社にいても学ぶことがないから、辞めます

←

◎ 好かれるひと言

転職することにしました

「マイナス理由」を挙げるのは、自分を正当化したい証拠。
ただ報告するだけでいい。

副業や転職がめずらしくない時代になり、職場の人とも自然とそういう話題が増えた人もいると思います。働き方の自由度が高まっている状況は、よろこばしいことですよね。

けれども、今いる職場の「ネガティブな理由」を引き合いに転職話をするのは、心理学で「防衛機制」と言われる心の働き。たとえば「この会社にいても学ぶことができないから転職することにした」と同僚に話した場合。これは、自分の満たされない欲求や現実を、転職することで正当化して自分を納得させようとする「合理化」という防衛機能です。つまり、自分に都合のいい言い訳をして、心の平静を保ちたいのです。

心の中で思う分にはよいですが、まだ働き続ける人が会社を否定されると、自分を否定されたような気分にもなります。もっとひどいケースは、「こんな会社にまだいるつもり?」と相手をバカにすることです。人を見下して優越感に浸るのはもってのほか。

転職の報告をしたい場合は、**「転職することにしました」とだけ言えばいい**のです。「なんで?」と聞かれたら、**「この会社も楽しかったけど、他にやりたい仕事が見つかったから」**と、相手に失礼にならないポジティブな理由を伝えましょう。

会社を辞めてから自分の悪い噂が立つと、誰がどこで耳にするかわかりません。世の中は狭いですから、悪口はブーメランのように自分に返ってくることも。「立つ鳥跡を濁さず」です。

× よけいなひと言

ロールモデルがいないので、将来が不安です

←

◎ 好かれるひと言

自分のスキルを高めるために、〇〇の勉強をさせてください

ロールモデルの存在は自信喪失につながることも。
いま目の前にある仕事を丁寧に。

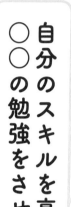

働くことは、生きることです。人生における3分の1以上は働く時間とも言われていますから、やりがいをもって、自己実現していけるといいですね。

キャリアアップを目指している人のなかには、「ロールモデル」を探して見本となる成功者の真似をしたがる人が少なくありません。そのため、「ロールモデルがいないので、この会社で働いて将来がどうなるのか不安」と訴える人もいます。

けれども、ロールモデルは常に自分との比較対象になりますから、「あの人にはできるのに、なんで自分はできないんだろう?」と、自信喪失につながる懸念があります。

どんなに真似をしたところで、その先輩とまったく同じにはなれません。年齢や性格、時代や環境も異なりますし、かえって足かせになる可能性もあります。**ロールモデルはいないほうが、仕事の自由度は高まる**と私は考えています。

うまくいっている人に学んで、自分が理想とするキャリアに向けた仕事をしたい場合は、**「スキルを高めるために○○の勉強をさせてください」**という伝え方が望ましいでしょう。たとえば、「英語のスキルを活かしたいので、海外支店勤務を希望しています。そのために国際事業部で勉強させてください」と具体的に伝えれば、人事の判断もしやすくなるはずです。何事も前向きにとらえる姿勢が、成長につながるのです。

言いかえ一覧

本書でご紹介した「言いかえ」文例を一覧にまとめました。
内容のふり返りなどにご活用ください。

第1章 初対面

	×よけいなひと言		
□ 1	お仕事は順調ですか？	↓	最近、仕事はどうですか？
□ 2	何歳ですか？	↓	何歳代ですか？
□ 3	どちらにお住まいですか？	↓	お近くなんですか？

□ 4 ご結婚されてるんですか？

↓

お1人ですか？
それともどなたかとご一緒ですか？

□ 5 いくつに見えます？

↓

私、○○歳なんです

□ 6 出身校はどちらですか？

↓

学生時代は何を学ばれていたんですか？

□ 7 お酒とか強そうですよねー

↓

お酒は好きですか？

□ 8 モデルさんみたいですね

↓

笑顔がステキですね

□ 9 どこかで会いました？
はじめて会った気がしないですね

↓

緊張する場でしたが、○○さんとは
とても話しやすかったです

□ 10 これから仲良くしようね

↓

これから仲良くしていただけると
うれしいです

第2章 自己紹介

□ 11 自分は全然ダメで、自信がないんです

↓

自信はありませんが、
チャレンジしていきたいです

□ 12 ちょっと話が長くなりますが……

↓

私のことを2つだけ伝えさせてください

13 私、人見知りなのですみません → はじめての人ばかりで、緊張しています

14 仕事と子育ての両立が大変です → しばらく時短勤務になりますが、よろしくお願いいたします

15 資格を10個持っています → 資格マニアなので、あと何個とれるかチャレンジしたいですね

16 車が趣味です。○○（高級車）に乗ってます → ドライブが好きです。海によく行きます

17 〜っすね。ぶっちゃけ。ガチで → 〜です。正直に言って。本気で

18 えっとー。それでー。あのー → ……（あえて間を空ける）

第3章 上司・目上の人と話す

19 了解です → 承知しました

20 できなくはないですけど → なんとかできると思います。お手伝いします

21 何もわからないので、教えてください → この仕事のこの部分がわからないので、教えてください

22 □ これも仕事のうちですか？
→ 都合が悪いので、今日は失礼します

23 □ そういう仕事は苦手なんです
→ その仕事は自信がないので、サポートをお願いできますか？

24 □ そんなの聞いてませんよ
→ その件は把握しておりませんでした

25 □ 大丈夫です
→ ○○まで終わっていて、○日までに残りを仕上げる予定です

26 □ 休まずに働けってことですか？
→ スケジュール的に厳しいので、○日までお時間いただけませんか？

27 □ 最初にやり方を指示してもらわないと、そんなことわかりません
→ どう改善すればいいか、具体的に指示していただけると助かります

28 □ これって、私が悪いってことですか？
→ 意思疎通ができていませんでした。次から確認するようにします

第4章 部下と話す

29 □ なんでそんなことで悩んでるの？
→ 悩んでるんだね。どの部分が問題なの？

□ 30
なくはないんじゃない？
↓
これもありだね

□ 31
詰めが甘いよ、
こんな仕事しちゃダメでしょう
↓
フォローするから、
納得がいくように仕上げてください

□ 32
そんな話、聞いてないけど？
勝手に決めないでよ
↓
重要なことは、必ず事前に相談してから
決めてください

□ 33
まだ何もできない新人なのに、
わがままなんじゃないの？
↓
要望を通すためには、今の業務で
成果を出せるように取り組んで

□ 34
読めばわかるよね？
何度言ったらわかるの？
↓
この資料の○ページを、
必ず確認してください

□ 35
意外とよくできたね
↓
あなたならできると思っていたよ

□ 36
もっとできるヤツだと思っていたのに
↓
あなたならできると思うから、
どうすればいいか考えよう

□ 37
きみのために言うけど、
いま仕事を覚えないとあとで困るよ
↓
仕事を早く覚えてほしいんだけど、
どういうプロセスを考えている？

□ 38
これくらいわからないの？
↓
この仕事を今週中に覚えてほしい。
どうすればできそうですか？

□ 39 反省してもらわないと困るんだけど → 今度こういうミスが起きないように話し合いましょう

□ 40 ダメなものはダメ → 実現するための手段や方法を検討しますね

□ 41 のんびりしていて悩み事とかなさそうだよね → 仕事の納期は守ってください

□ 42 常識的に考えると○○だよね？ → 私はこう考えています

□ 43 私はもっと大変な仕事をしたことがあるよ → 私が経験したことで、ヒントになりそうなことがあれば伝えますね

□ 44 あなたには10年早いよ → 目標が高くていいね。思いがかなうといいね

□ 45 最近の若い人の話は、よくわからないな → その話、興味があるので教えてもらえますか？

第5章 同僚と話す

□ 46 ○○さんの資料もコピーしてあげたよ。今度何かおごってね → ○○さんの資料もコピーしました。忙しいときはヘルプしますね

□ 47 髪形変えた？　前のほうがよかったのに → 髪形変えたんだね

□ 48
え？　○○さんもいたんだ
↓
○○さんも参加するんですね。うれしいです

□ 49
普通においしいですね
↓
とてもおいしいですね

□ 50
あのお店も、味が落ちたよね
↓
あのお店、印象が変わりましたね

□ 51
○○部長って、性格悪いよね
↓
○○部長は、私とは合わないように
感じるんだよね

□ 52
自分でお弁当を作るなんて、
見た目と違うね
↓
手作りのお弁当、いいですね。
私も見習いたいです

□ 53
痩せたらきれいだよね
↓
もっとステキになるね！

□ 54
そういうファッションが好きなんだね
↓
ステキなファッションですね

□ 55
仕事ばかりして大丈夫？
婚期を逃さないようにね
↓
成果を出すためにがんばっている
○○さんを尊敬します

□ 56
恋愛はもういいから、早く結婚したいです
↓
早く結婚したいです

□ 57
私は子育てが大変で
おしゃれする余裕がなくて
↓
いつもおしゃれですね

□ 58
うちのダンナはなんでもやってくれるの
↓
夫が家事をしてくれるまで
3年かかりました

□ 59 車くらい、買えばいいのに
↓
私は車がないと不便なので

□ 60 その話、まだ続く？
↓
今の話はこういうことだよね。
私も話していいかな？

□ 61 天然だよね
↓
自然体なところがステキですね

□ 62 細かいことを気にし過ぎだよ
↓
そういうことが気になるんですね。
繊細なんですね

第6章 テレワーク・チャット

□ 63 声が聞こえないんですけど
↓
少し声が遠いようです

□ 64 誰かいるんですか？
↓
ご家族のことで何かあれば、
遠慮なく言ってください

□ 65 電話に出なかったとき、何してたの？
↓
緊急の用件もあるので、
折り返しは10分以内にお願いできますか？

□ 66 他の仕事で、今ちょっと手が離せないんです
↓
今対応できませんので、○時以降に
ご連絡いたします

□ 67 ○○の件は、後で改めて連絡いたします
↓
○○の件は、明日10時までに連絡いたします

□ 68 この仕事、やってもらえます？
↓
この仕事をお願いしたいです。もし難しい場合はご相談ください

□ 69 早くしてください
↓
○○に間に合わせたいので、早急にお願いします

□ 70 はーい、わかりました～
↓
承知しました

□ 71 今日やった仕事は何？
↓
始業時と終業時に、1日の予定と事後報告をお願いします

□ 72 それはよかったです
↓
それは何よりでした

□ 73 フィックスが遅れたため、レスポンスをお待たせして申し訳ありません
↓
決定が遅れたため、返事をお待たせして申し訳ありません

第7章 お客様と話す

□ 74 こちらでよろしかったでしょうか？
↓
こちらでよろしいでしょうか？

□ 75 ご用件はなんでしょうか？
↓
ご用件があれば私が承りますので、
いつでもお声がけください

□ 76 それはちょっとわかりません
↓
私にはわかりかねますので、
お調べいたします

□ 77 どちら様ですか？
↓
ご用件を承りました。
お名前も伺ってよろしいでしょうか？

□ 78 なるほど、なるほど
↓
○○ということなんですね

□ 79 先ほども説明しましたが……
↓
わかりづらくて失礼いたしました

□ 80 ご注文はこれだけでよろしいですか？
↓
ご注文は以上でしょうか？

□ 81 その商品はありません
↓
申し訳ございません。
ただいま○○はお取り扱いがございません

□ 82 人気商品なので、今買わないと
売りきれますよ
↓
ラスト1点なので、ご検討される
ようならお取り置きしましょうか？

□ 83 おねえさん、よく似合ってるよ
↓
お客様、よくお似合いですね

□ 84 すみません
↓
大変申し訳ございませんでした

□ 85 どういうことでしょうか？
↓
お話ししやすいところから
状況を伺えますか？

□ 86 ○○はしないでください
↓
今後は○○していただけると幸いです

□ 87 お言葉ですが、○○とおっしゃった件は
間違っています……
↓
○○の件につきましては、こちらの書類に
○○と記載がございます

□ 88 そういうことは起こらないはずですが……
↓
今一度、ご一緒にご確認をお願いいたします

□ 89 もっとお待ちいただいている
お客様もいますので
↓
お待たせして申し訳ございません

□ 90 わからないので上の者を呼んでまいります
↓
私が責任を持って承ります

□ 91 説明書に書いてありますよね？
↓
順を追って、使い方を説明いたします

□ ○○課長は、本日お休みでいらっしゃいません → 課長の○○は、本日休みをとっております

□ この資料をご用意していただくかたちになります → この資料のご用意をお願いします

□ とりあえずやっておきます → 取り急ぎ対応いたします

□ それは無理です → 難しいと思いますが、検討してみます

□ 一杯くらいつき合ってくださいよ → お好きな飲み物を召し上がってください

□ さっそくですが、御社に提案したAの件はどうなってます？ → Aの件もよろしくお願いいたします

□ そんなありえない失敗したんですか？ → ○○さんにも、そんなことがあったんですね

□ ここはうちが支払いますからご心配なく → ここは弊社にお任せください

□ 100

なんでもやりたいです

↓

留学でチャレンジ精神が鍛えられたので、
どんな仕事にも尽力します

□ 101

それ、できます。こう見えても
○○をやっていたんです

↓

ぜひ、その仕事に
チャレンジしてみたいです

□ 102

誰とでも仲良くなれるタイプです

↓

苦手な人とも折り合えるように
努力できます

□ 103

こう見えてもコミュ障なんです

↓

人と関わることが好きです

□ 104

ちょっといいですか？
（と他の人の話に割り込む）

↓

○○さんはいかがですか？
（と発言が少ない人に話を振る）

□ 105

御社はどんな事業に
力を入れているんでしょうか

↓

御社の○○の事業に感銘を受けました。
詳しく教えていただけますか

□ 106

御社で働くと、どんなスキルを
身につけられるんですか？

↓

御社で働けたら、○○のスキルを
身につけたいと思っています

□ 107

18時以降の仕事はできません

↓

子どもの迎えがあるため、
18時以降の残業はむずかしいです

□ 108

今の仕事は、私がやりたいことと違うんです

↓

今の仕事を覚えたら、次はこういう仕事をやりたいです

□ 109

以前は（大企業の）○○会社にいたんです

↓

今の会社に魅力を感じて入社したんです

□ 110

前職は○○会社の営業課長でした。△△の資格を持っています

↓

前職は営業でした。人と関わる仕事にやりがいを持っています

□ 111

この会社にいても学ぶことがないから、辞めます

↓

転職することにしました

□ 112

ロールモデルがいないので、将来が不安です

↓

自分のスキルを高めるために、○○の勉強をさせてください

おわりに

家族も然《しか》りですが、職場の人間関係も選べません。

フルタイムで仕事をすれば、一日のほとんどの時間を仕事仲間と共有し、かかわりを持つことになるでしょう。

長年、働きやすい職場づくりを目指し、職場環境改善の研修やカウンセリングをしていますが、不調やトラブルの原因の9割は「身近な人間関係」にあります。日々の生活を取り巻く人間関係の良し悪しが、職場環境を左右し、働きやすさ、生きやすさを左右すると確信しています。


私自身、同じ会社で同じ業務のシフトに入っているのに、曜日によってまったく疲れ具合が違うという経験をしたことがあります。

ある日、それがメンバーによる違いだということをはっきりと自覚しました。ミスがあってもフォローしたり、助け合えたりする雰囲気の日と、「どういうことなの⁉」と責められる雰囲気の日があったのです。

前者は安心して業務に取り組めるので、気軽に何でも早めに相談できていて、失敗してもすぐにリカバリーできていたのですが、後者の日は、朝から緊張してしまい、その緊張がさらなるミスを引き起こす悪循環を招いていました。もし、後者だけの職場だとしたら、心身の不調を招いていたと思います。

それに気づいてからは、雰囲気の悪い日にも、思い切って自分の気持ちを率直に伝えるようにしてみました。最初はうまくいかずに時間はかかりましたが、少しずつわかり合えるようになり、居心地が良いまでには至りませんでしたが、萎縮《いしゅく》することはなくなりました。

日々の「ひと言」の積み重ねが、人との関係性をつくっているので、ささいなひと言が実は大きな違いを生むのです。「どうせわかってもらえないだろう」という気持ちで言うのと、「理解し合いたい」と思って言うのとでは、言葉の選び方も変わってきます。

相手を認め、わかり合うための言葉のバリエーションを、ぜひたくさん持っていただき、これからのより良い環境づくりに役立てていただければ幸いです。

実際に、前作『よけいなひと言を好かれるセリフに変える言いかえ図鑑』のご感想で、「意識して使ってみると、相手からの反応がずいぶん違うと実感しています」といった内容を多く頂戴しました。実践していただいて、変わったと感じていただけたなら、これほどうれしいことはありません。

「過去と他人は変えられない、未来と自分は変えられる」とよく言いますが、自分を変えることも至難の業です。しかし、「ちょっとしたひと言」を変えていくことは、さほど難しいことではないと思うのです。

今回、書籍のテーマを「働く人」に特化したのは、昨今、働き方も雇用形態も多様になり、職業生涯の長期化で、より多くの方々が、より多くの時間を仕事に費やすようになっているからです。「働く時間」が、少しでも豊かな時間、穏やかな時間になる一助になればという思いを込めました。

お互いに対等で認め合える職場は、やりがいや充実感を生み出し、自己成長につながると長年のカウンセリング経験で実感しています。そして、承認し合うためには、４つのＨ、「批判」「非難」「否定」「比較」をしないことを心がけてみてください。

ちょっとした「言いかえ」が、あなた自身も周りの人も、幸せにしてくれることを心から願っています。

自分も相手も大切に。豊かな職業人生の一助となりますように。

大野萌子

大野萌子　おおの　もえこ

産業カウンセラー。一般社団法人日本メンタルアップ支援機構（メンタルアップマネージャ®資格認定機関）代表理事。2級キャリアコンサルティング技能士。法政大学卒。

企業内カウンセラーとしての長年の現場経験を生かした、人間関係改善に必須のコミュニケーション、ストレスマネジメント、ハラスメントの分野を得意とする。内閣府をはじめ、大手企業、大学等で年間150件以上の講演・研修を行う。また、だれでも参加できる「生きやすい人間関係を創る」コミュニケーションスキルを1日で学べる「メンタルアップマネジメント講座」を開催している。テレビ、ラジオ、新聞などのメディア出演・監修多数。

著書に『よけいなひと言を好かれるセリフに変える言いかえ図鑑』（サンマーク出版）、『「聞き上手さん」の「しんどい」がなくなる本』（ナツメ社）、『言いにくいことを伝える技術』（ぱる出版）、『「かまってちゃん」社員の上手なかまい方』（ディスカヴァー・トゥエンティワン）などがある。

https://japan-mental-up.biz/

装丁　萩原弦一郎（256）
挿画　ヤマサキミノリ
組版　朝日メディアインターナショナル株式会社
構成　樺山美夏
校閲　株式会社鷗来堂
編集　桑島暁子（サンマーク出版）

よけいなひと言を好かれるセリフに変える 働く人のための言いかえ図鑑

2021年9月 1日　初版印刷
2021年9月10日　初版発行

著　者　大野萌子
発行人　植木宣隆
発行所　株式会社サンマーク出版
東京都新宿区高田馬場2-16-11
電話　03-5272-3166
印　刷　株式会社暁印刷
製　本　株式会社村上製本所

ISBN978-4-7631-3916-0 C0036
https://www.sunmark.co.jp